教育 EDUCATION
DISCOVERY 发现

中国教师报 十五周年文丛

课堂策
KETANG CE

褚清源　崔斌斌 ◎ 主编

山东文艺出版社

中国教师报十五周年丛书编委会

主　任　雷振海

编　委　（以姓氏笔画为序）

　　　　马朝宏　王占伟　白宏太　吴绍芬

　　　　金　锐　郑骊君　郭　瑞　黄　浩

　　　　梁颖宁　康　丽　韩世文　褚清源

总序：为 1500 万教师而生

15 年前，中国的报业正值黄金年代，中国的教育正处于转型期，基础教育课程改革刚刚启幕。一份为教师而生的报纸——《中国教师报》在北京市文慧园北路 10 号中国教育报刊社的 7 楼应运而生。

从诞生那一刻起，《中国教师报》就携带着理想、激情、责任和变革的基因，始终以简约、清新的风格，为教师代言，为课改记事，为教育开新风。

15 年来，我们不忘创刊时的初心，秉承"零距离贴近教师"的办报理念，"为教师说话，让教师说话，说教师的话"，始终和 1500 万教师一起同行，一直主动走近，走近千千万万一线教师，走进他们的心灵。我们孜孜以求通过手中的笔生产有立场、有态度、有观点、有故事的内容。

15 年来，我们常怀对读者的感恩之心，以公益推进课改，用脚步丈量教育，启动了"课改中国行"大型公益宣讲活动，先后走进了全国 25 个省（自治区、直辖市）100 多个市县区；组织了"全国教育局长峰会""全国课改名校公益游学""创课进校园"等公益活动，备受读者欢迎，树起了教育专业媒体践行公益精神的品牌。

15 年来，我们只做一件事，坚持教师视角和课改立场，用新闻纸建设教育，用课改精神统领内容生产，24 名编辑记者守望教学田野，深耕课堂改革，讲好课改故事。用一篇篇蘸满激情的文字，传递着相信的力量,相信课改,相信未来,相信——"课堂承载未来,教师引领希望",并以此为使命,锻造一家教育专业媒体的性格。

15年来,从"零距离贴近教师"的初心到"让中国教育因你而改变"的宣言,中国教师报以"苟日新,日日新,又日新"的创新精神,通过新闻纸上的内容生产为1500万教师成长赋能。

所有这些,只因一家媒体和一支团队的坚持和相信。有人说,人一生要做的就是两件事:一是做出选择,二是为自己做出的选择负责。一家媒体也一样,当选择了课改立场,贴地而行,就要坚持这份选择;除了选择,还要相信,相信每一位教师都有变革和改进教育的愿望,相信教育一定在不断的变革中向好向美。这种坚持和相信是对中国教师报"铁军精神"的加固,也代表一家媒体的性格和情商。

作为一家年轻的媒体,我们一直努力在发展方式、深度报道上,呈现出教育媒体的专业性和责任担当,呈现出教育媒体人的理性与独立。我们在用一种全新的方式表达我们的媒体价值观——媒体不只是满足需求,更要引领需求;不仅要敢于提出问题,更要能够躬身实践,参与建设。

于是,中国教师报一直在保持着一种独特的媒体表达和行走方式——发现、记录、深耕、建设。我们没有止于发现和记录,还有深耕和建设。深耕和建设是一种姿态,我们的报道不是去批判或指责教育的问题,而是以建设的视角来发现经验、观察现象、传播故事。中国教师报不仅致力于做一线教师的精神家园,更着力打造前沿教育思想的集散地和全国课堂改革的策源地,做专业和精神的双重引领。

有人将《中国教师报》誉为"中国课改报",《中国教师报》成了了解课改的窗口,如果这说法成立的话,应该是读者与编辑记者一起创造了中国教师报的课改时代。

我们所有的努力都是为了让这份媒体的报道更有质感,更有温度,更有立场，都是为了践行"零距离贴近教师"的办报理念。"零距离贴近教师"这句话并不容易做到。它要求编辑记者要有足够的专业能力与一线教师站在课堂上对话。教育媒体人不能做教育变革的旁观者和局外人，不能只满足于做一名"忠实"的教育事件记录者，还应该体现出对教育是非的洞察力和判断力，用未来的视角表达对教育实践的独特观察。

15年足可以串起一段历史。一份报纸的15年，有太多可以回顾的往事，有太多可以回看的文字。中国教师报走过15年，我们依然选择不要鲜花，不设庆典，像10年报庆时一样，过一种简约的生日——通过出版图书来留存一份纪念。不同的是，10年报庆时，我们出版了一本书《教育媒体是干什么的》，而这一次，我们将出版一套丛书，涉及课堂改革、教师专业成长等。这其中有中国教师报已经刊发文章的结集，也有编辑记者的个人作品集，还有读者、作者、编辑、记者共同创作的作品。

这套书是用来纪念的，纪念一份报纸走过的15年。从2017年5月份便开始启动编辑工作，历时一年。在编辑这套丛书的过程中，我们又一次加固了如下的认识——

守望一种愿景：让中国教育因你而改变。

强调一个视角：教师视角。

坚守一个立场：课改立场。

建设一支铁军：一支有信仰的传媒铁军。

开启一种秩序：推动教育专业媒体发展方式转型。

教育媒体是干什么的？中国教师报用自己的田野行动给出了回答，中国教师报不仅仅是一份报纸，更是纸媒、微信端、活动、培训"四位一体"的新媒体。而这个新媒体的灵魂，就是让教育回归到"以人为本"，让教师坚守"课改立场"。

诚者行远，行者常新。《中国教师报》2018年的"新年献词"中曾这样写道："唯一不变的，是我们作为教育媒体人的良知和真诚。真诚地对待每一篇来稿,真诚地与读者互动,真诚地办好每一场直抵心灵的活动,真诚地陪伴一线教师过一种专业的教育生活。"

子曰,"吾十有五而志于学"。心怀敬畏和感恩之心,中国教师报人一直在路上,在学习的路上,在改变的路上,在"零距离贴近教师"的路上……

雷振海

2018 年 6 月

序：开启一场读懂之旅

这是一个真实的课堂细节。

一次数学公开课上，执教老师抛出一个问题后，不少学生七嘴八舌很配合地回应着。这是课堂上很常见的一种群答现象。

"这位同学你来说。"教师看着距离自己最近、一直在积极回应着的一名学生说。

遗憾的是，这名学生却坚定地摇了摇头，拒绝了老师。老师的表情流露出一些意外，而后自然地将目光转向了其他举手的学生。

这是一个不易被察觉的课堂细节。然而，就是这样一个细节深深击中了我。

当教师把目光转向另一名学生的时候，也就中断了与这名学生的连接。而无论是教育还是教学，都是在不断地互动、连接中发生的。

我在想，这名学生到底在想什么？他在担心什么？又在回避什么？为什么不能心安大胆地讲出自己心中的想法？他怕说不好吗，还是没有勇气说，抑或刚才大声说的时候是在"滥竽充数"，掩饰自己的不会？……所有这些都是我们一厢情愿的猜想。如果没有与这名学生的真诚对话，我们永远无法分析出这一细节背后的真相。

其实，这样的课堂现象并不鲜见。太多的课堂情境并不支持学生说出自己真实的想法，尤其是那些看起来粗糙的表达。也许，教师们总在寻找那些精彩的回答、正确的表达，久而久之，学生早已能够准确揣摩出教师的心思。

作为教师，我们是否太在意顺畅的课堂？是否已经习惯了忽略这样的沉默？一位真正读懂学生、读懂学习的教师，一定会对每一名学生的发言都充满期待和信任。

然而，在发现学生、倾听学生方面，在真实地面对课堂问题方面，我们关注得实在不够。有人曾这样概括课堂上教师的特点——嘴长、心急、耳朵短。所谓嘴长，就是说得过多；所谓心急，就是不善于等待；所谓耳朵短，就是倾听不够。正是这样的不足，让课堂丢失了我们原本应该追求的核心素养。

这样的课堂细节，我们需要拿出来研究。研究其背后的真相，研究解决的方法。一位优秀的教师不仅要读懂课标、读懂教材，更要通过系统的研究，读懂学生、读懂学习；不仅要有教会学生学会学习、获得知识的硬实力，还要有帮助学生觉醒、发现学习意义的软实力。

于是，从方法和策略出发，本着引领性和工具性原则，我们开启了关于"课堂策"的策划之旅。一切改革都需要愿景引领，也需要策略护航。课堂也一样，在朝向理想课堂的路上，我们越来越发现，许多时候，不是理想不够，不是理念不够，也不是动力不够，而是策略和方法不够。我们的研究太热衷于追逐新的理念，而缺乏策略研究，缺少方法接引，缺少转化核心素养具体的路径。

建设好课堂太需要具体的方法论给予支持，太需要具体的策略加以护航。我们大致从4个维度梳理课堂策略：

一是读懂课堂。课堂是教育的主场，得课堂者得天下。所有的教育理念只有在课堂上落地，才能得到最终的检验；所有的教育变革只有触及了课堂，才能称得上真正的变革。那么，学生喜欢什么样的课堂？好课堂具有什么样的特质？当前，以合作学习为典型特征的课堂变革涌现出了哪些成果，引发了哪些新的思考？

三是读懂学生。教师的第一素养应该是在读懂教材的基础上读懂学生。研究学生才是教师成长最重要的课程。正像老中医那样，不仅要熟悉药材，更要有丰富的临床经验，把准病人的脉，才能对症下药。教师也一样，读懂学生才能因材施教。那么，到底如何读懂学生？认识和读懂学生的方法到底有哪些？

三是读懂学习。不知学，何以教？一位优秀的教师一定是能教会学生学习的，而非教知识；一定善于用学的方式来教，从学的规律出发认识教的规律。每一位教师都应该以学习者为中心构建一套"学习学"，进而引入更多的思维工具，搭建更好的学习支架，让学习变得更高效、更简单、更有趣，让学生更好地实现深度学习，实现高质量的学习。教师只有成为一个懂学习的人，才能成为学习中的首席。那么，学习到底是如何发生的？真实的学习是什么样的？学习又有哪些具体的方法可以借鉴？

四是读懂教研。教而不研则浅。《学习的革命》作者之一珍妮特·沃斯博士说过："学校如不飞速改变，就会全面崩溃。"教师也一样，如果不带着研究的思维去教学，就可能会被学生淘汰，被时代淘汰。那么，教师如何为谋变课堂而研？教研如何回到粗糙的地面？哪些教研方式可以更好地直击问题的核心，可以促进教师快速成长？

如果您对以上问题产生了共鸣，就请打开这本书。书中呈现的4个维度的分析和策略，坚持"理念为先，策略为要"原则，希望能为您的课堂护航，并通过这些策略让核心素养在课堂顺势生长。

课堂改革走进深水区，需要开启一场有意义的"读懂"之旅。这就是为什么《中国教师报》策划"课堂策"专号的背景。这期专号发行后受到了读者的广泛关注，不少学校纷纷致电报社要求加印这一期报纸，当期报纸发行量超过40万份。所以，这算是一本在正式出版前就已经有了至少40万读者的热点书。

  这本书在成书过程中我们又做了一些补充修订。书中有观点、有案例、有策略、有方法，集"引领性"与"工具性"为一体。我们相信，这本书可以作为课堂教学改革的行动指南，作为学校课改培训的教师读本，为一线教师提供有价值的参考。

  如果从读完这本书起，您开始带着研究的思维尝试去读懂学生，并与学生一起思考学习、思考课堂，开始积累更多的策略来改进课堂的时候，这便是我们出版《课堂策》这本书的意义所在。

褚清源

2018年6月

目录 Contents

第一辑 读懂课堂

教育大数据的价值判断	3
好课七问	7
理想课堂的公约性标准	12
课堂是如何抑制学生独立精神的	14
习本课堂：放大"习得"的过程	19
重新认识合作学习	24
合作学习35式	26

第二辑 读懂学生

学情观察观什么	61
观察学生需走近些，再走近些	68
如何真正读懂学生	71
读懂学生的六条建议	79
读眼术：认识学生的科学方法	85
认识儿童学习的秘密	89
一所小学的儿童观察日志	92

第三辑　读懂学习

把学习责任还给学生	105
真实学习的发生	107
告别灌输　看见思考	110
学习的五个境界	117
走向深度学习	120
批判性思维让兴趣更持久	123
批判性思维四问	127
批判性思维的"九个误解"	133
批判性思维的教学转化	139
阅读写作课——批判性思维教育的入口	146
打开思考的大门	153

第四辑　读懂教研

发现合作教研新样态	159
用教学切片助力深度教研	167
一个案例读懂切片教研中的细节	173
任务驱动课堂的三重境界	177
观课议课的文化标识	182
课堂管理的三个策略	187
"听评课"的三大必备元素	196
在教学"卡住"的地方讨论	200

后　记　/203

第一辑

读懂课堂

课堂兴则教育兴。读懂课堂才能改变课堂、优化课堂。课堂上有哪些细节值得关注？有哪些细节可以协助教师更精准地认识课堂？且看我们观察到的课堂细节。

教育大数据的价值判断

倪闽景

有人将2012年定位为教育大数据元年,但几年过去了,成功推进教育信息化的案例却不多,主要原因可能是教育太复杂了,而教育领域使用数据的过程、时间还很短,大数据预判未来的功能没有被彻底激活。

大数据作为一项强大的分析技术和一种潜在的资源,对教育而言,最重要的是要把握其价值判断功能。

教育大数据分为4类:一是教学资源大数据,二是教育教学管理大数据,三是教与学的行为大数据,四是教育教学评估大数据。教学资源平台是大数据产生的基础,教育教学管理系统是大数据持续积累信息的保障,而教与学的行为大数据和教育教学评估大数据则是大数据的核心。

教育大数据的基本取向是为学习者提供更好的服务——通过数据相关性分析,预测并优化学习内容、学习时间和学习方法。大数据主要是分析变量之间的相关性,而不是说明因果关系。比如,有分析报告称,睡满9个小时孩子的学业成绩比较好。这个数据反映的是相关性,而不是因果关系。

大数据技术的本质是通过智能化设备从大量信息中提炼信息,从而预判未来。但教育如此复杂,因此又决定了教育大数据具有与商业、金融、医学等领域大数据不同的特点。大数据对教育的影响具有两面性，这就要求我们在实践中厘清和把握其真正的价值。所以，在应用大数据中，我们要关注7个价值判断：

判断一：既然与学习相关的数据变量无法穷尽，那么就从可采集数据的变量开始。学习不仅与大脑直接相关，还与内分泌、肌体等有关，学生学习的结果也不仅与学习时间、学习内容有关，还与教师、家庭、班级、同桌，甚至天气有关，这也是学生在不同班级学习结果大不同的原因。因此，我们在应用大数据时，不要想穷尽变量。变量越多，数据越多，问题就越多，而最终的"噪声"可能会掩盖真相。

判断二：大数据的价值不在于数据之大，而在于其可积累、可挖掘，进而实现从知识关联到学习关联。大数据作为推进教育进步的技术，十分重要，但目前最需要变革的不是技术层面的，而是组织层面的。目前，教育领域有大量的数据，却没有真正的大数据，根本原因是组织建设落后于技术发展和教育需求。数据不可持续采集、不可跨系统关联，这不是技术问题，而是组织问题。围棋规则很简单，却可以演变无数可能；所有遗传信息都可以拷贝到一个容量很小的U盘中，却依旧能够衍生出无数不一样的生命……这都是因为规则。所以，提供大数据服务的企业不必迎合现在的教育，而是要按照教育未来发展所需，构筑一个新的学校教育组织形式。

判断三：大数据服务要从"人怎样才能学得好"向"你怎样才能学得好"转变，明白"你"在看屏幕的时候，屏幕也在看"你"。个性化服务需要精准的信息支持，学习者在得到大数据指引的同时必定越来越透明——这不仅涉及家庭地址、通信方式等隐私，也涉及智力水平、兴趣爱好、生活与学习习惯等个人信息，由此就会产生教育伦理问题。因此，数据使用者必须对数据和学习充满敬畏，同时也要争取法律的支持。当然，个性化服务源于精准反馈，而精准反馈也有两面性，比如我们在新闻客户端订阅了感兴趣的内容，就只能在首页看到订阅的内容而看不到其他内容，这就限制了我们的视野。

判断四：未来并不全部由过去决定。当数据成为决定未来的因素时，数据就变成了未来发展变化的原因。预测大坝决堤与预测人类行为的差别在于，人有心理暗示，而大坝没有。分析数据会对每个人都产生影响，不同的是，有的人会产生正反馈，有的人会产生负反馈。比如，大数据告诉大家某个人是笨蛋，那么这个人真的会变成笨蛋，而且越来越笨，这就是正反馈；但有的人因此逆袭，努力证明自己是聪明人，这就是负反馈。

判断五：数据创造不了经历，经历则能够创造数据。数据很重要，但比数据更重要的是教育过程本身的意义，让教育教学活动更有意义，也是大数据分析的目的之一。一个人的胆识、能力与其经历有很大的关系，所以我们要带孩子多经历、多体验，而不是钻到数据堆里不出来。

判断六：不需要对所有数据都进行分析，有些是用来进行审美或回忆的。教育目标固然重要，但不能简单地视其为定量或变量，如责任感、幽默感、沟通能力、领导力，虽然大数据提供了描述的可能性，比如用表情符号来表征，但这些数据的分析还需要更多的时间。因此，建议教师们录下每一节课，最好用 VR 技术录制，这样录下的课就有了全息数据，待将来技术成熟时，或许可以从中挖掘出更多的信息。这样的数据是不可再生的，更何况这些数据的审美感和资料性弥足珍贵。

判断七：数据不是为了证明，而是为了发现、指引和激励。大数据是一项科学技术，而应用大数据则是一门艺术。比如，大学录取招生就不是科学而是艺术，虽然各类学生的综合素质大数据很有用，但不能演变为招生时的绝对分值，并以此作为录取的唯一标尺。学生的精神世界不是机械的，更不是数据能涵盖的。

大数据应用的重要价值，不仅在于能让学生学得更好，而且还能揭示学习发生的真正原因。当人们不知道万有引力定律的时候，大家就知道树上的苹果会掉下来，但当人们知道万有引力定律以后，便可以制造宇宙飞船。大数据将揭示学习的秘密，一旦学习的秘密被通透地发现，学习将从经典学习阶段进化到超级学习阶段。英国作家萧伯纳说："理智的人总是让自己适应这个世界，不理智的人总是试图让世界适应自己，然而世界所有的进步总是取决于那些不理智的人。"教育正处于分水岭，因此，还是让我们学会一些不理智吧！

（作者系特级教师、上海市奉贤区副区长）

好课七问

吴民益

什么样的课是好课？这是一个见仁见智、历久弥新的话题。许多教师上完一节课后，心中无数，不知自己的课上得好不好，是否符合新课改的要求，往往要等教研员和老教师点评后才能心中有数，其实，课后只要按照以下7个问题自问自评就可以了。

一问：学习目标是否正确、明确？

教什么比怎么教更重要，如果你的目标错了，你越努力，则离目标越远。语文学习目标要有语文味，要抛弃那些好看的非语文因素，要紧扣课标中的总目标、阶段目标、单元目标，要体现文体特点。

拿《学会合作》来说，这是一篇说明文，教参上写的教学目标是：一是正确、流利、有感情地朗读课文；二是学会本课两个生字，理解由生字组成的词语；三是理解"只有学会与别人合作，才能取得更大的成功"的道理，培养学生团结协作、自我牺牲的精神。教学重点是：理解"只有学会与别人合作，才能取得更大的成功"的道理，培养学生团结协作、自我牺牲的精神。很明显，这样的教学目标语文味不足，且第三条难以操作，难以检测。我觉得要使教学目标有语文味、体现文体特点，可以这样修改：一是指导学生注意读准"幢""钥匙""卡住""情不自禁"等字音；二是指导学生理解"顾名思义""卓有成效""典范""和谐"等词语，教给学生理解成语的一些方法；三是指导学生运用"顾名思义""和谐"等词语造句；四是学习课文第二自然段的表达方法（总—分—总），仿写一段话，并运用上"总之"；五是学习课文运用两个不同的事例来说明道理的方法；六是在熟读课文的基础上练习演讲。以上这些目标可分解在两个课时的教学活动中。我们可以看出，改过的教学目标语文味十足，可操作，可检测，体现了文体特点，这些都是语文的事。

二问：是教师先讲还是学生先独立学？

新授课，教师不要急于先讲，应先让学生自学，边读边想，边读边批注圈点，然后完成学案上的习题。学生写的过程便是思维逐步清晰的过程。让学生写出答案，保证每个学生都思考、都学习，且能看到学生是否学习，学得怎么样。过去"先教后学"这种模式的基本假设是：这节课是新授课，学生对于这些知识一无所知，教师要从头讲起。难道学生对这些问题真的一无所知吗？事实上，只要给学生一定的时间和条件，教师加以科学引导，大部分学生能够自学完成。尤其是语文学科，语文来源于生活，是生活的艺术反映，最易于自学，更何况高年级的学生已经拥有了一定的知识与学习能力。新课程改革提倡"先学后教"，因此要充分发挥学生自主性，给学生完整的充足的自学时间。

三问：学生不会的问题是否是通过合作讨论解决的？

学生在自学中遇到不会的问题教师不要急于解答，可先让学生通过合作学习来解决。对于难度较小的问题，可结对交流，互相补充、修正；

对于难度较大的问题，可以通过小组讨论解决。教师要关注小组讨论的效果，看要求是否明确，组织是否得力，讨论是否有序，学生的注意力是否集中。此外，还要看讨论的结果，看学生发言是否有深度，是否完整，表达是否清楚；看朗读是否有感情；看书写是否通顺、完整、具体、生动。

四问：教师的点拨是否精当，并能退后一步？

首先看教师点拨的时机。从理论上讲，全班只要有一个学生能解答，教师就不要急于讲，而要退后一步，目的是充分发挥学生的自学能力和互助合作精神，要把解决问题的主动权交给学生。当学生思维错误时，你引导他想正确；当学生思维肤浅时，你引导他想深刻；当学生思维狭窄时，你引导他想宽阔；当学生表达不清时，你引导他有条理地说；当学生说得不具体时，你引导他具体地说；当学生说得啰唆时，你引导他简洁地说；当学生说得不生动时，你引导他生动地说等等。同时，引导学生"无中生有""常中升奇""旧中生新""对中生疑"。总之，要使学生的思维和语言有发展、有进步。只有当学生想说而说不出的时候，想弄明白而弄不明白的时候，教师才去点拨，这时学生会恍然大悟、豁然开朗。正所谓"不愤不启，不悱不发"。再次看教师点拨的方法，看方法是否巧妙，能否起到四两拨千斤之效，可举个例子、讲个故事、画个图画、打个比方、示范朗读等等。这也能看出教师的素养是否深厚，语言是否通俗生动，教学是否有功底。

五问：在教学过程中是否注意引导学生归纳知识规律和学习方法？

教师在教学过程中要注意引导学生归纳课本知识的规律和学习知识

的方法，要用课本教，而不是教课本。如苏教版《最后的姿势》一文中，对于地震环境描写的作用是反映地震越来越厉害，渲染出一种沉重的气氛，从而更能突出教师谭千秋伟大无私的精神。《青海高原一株柳》中写高原一株柳，为什么要写高原的环境呢？原来是为了突出高原一株柳的顽强生命力，在这么恶劣的环境中它能活下来并长得这么高大茂盛真是不简单。一册书教下来，我们应引导学生梳理归纳一下环境描写的作用，使学生对环境描写有系统的认识，并鼓励学生在今后作文中灵活运用。高水平的教师在课堂上教给学生规律和方法，低水平的教师只能按照课本，亦步亦趋地教给学生零散的知识。

六问：教学环节的设计是否合理恰当、活而不乱？

教学环节的设计体现了教师的教学思想和教学方法，教师在备课时都会精心设计，试图取得最佳效果。但一节课结束后要认真反思，是否每个环节都有必要，都合理高效？有些教学环节单就本身来讲，可能是创新，但在整节课中可能就是多余的。比如，有学校规定每堂课教师都要用"创设情境法"导入新课，教师就要挖空心思创设情境。其实有些课不需要创设情境，教师直接提出问题引发学生思考可能效果更好。再如新课程提倡合作学习，有的教师不管什么问题都要让学生讨论，好像不讨论合作就不符合新课程的要求。其实有时学生自己学会了就没必要在小组内讨论，小组讨论能够解决的就不要放在大组中讨论，学生自己能够解决的老师就不要讲了。一切应根据实际情况。教师在备课时可能要预设一些，但在实际教学中要根据学生情况灵活变通，不要机械地照搬教案。教学环节的设计和实施要做到环环相扣、目的明确，不能太随意、太零碎。教师的随意性太大，学生往往会无所适从，从而没有完整的独立自学时间。

七问：一节课所学的基本知识和技能每个学生是否都能掌握？

不管运用何种教学方法，教学的最终目的是高质量地达成教学目标。如果教学目标适度合理，大部分学生当堂就能达标。当然，衡量一节课是否达标可以有多种方式。可以口试，即教师对照教学目标，提出几个问题，让学生回答，以检测学生是否达标。口试的对象主要是潜能生或学困生。口试应一个问题一个问题地问，不可一下子把问题全提出来，否则学生易搞混。可以笔试，教师对照教学目标，设计一张检测纸，让全体学生当堂做，教师巡视，了解情况，然后批改。这样能全面了解学生的学习情况，以便有针对性地进行课后辅导和准备下节课的教学。可以教师测学生，即教师出题，学生解答，这是常用的方式；可以学生测学生，一些简单的问题，如背书、默写等可同桌互测；还可以小组间对测，A 小组出题测 B 小组，B 小组出题测 A 小组……这样更能激发学生的积极性。

（作者单位系江苏省镇江市新区实验小学）

理想课堂的公约性标准

林高明

理想课堂到底是什么样子的？多少年来，千百万教师及研究者都在不断地探索研究。不同的人留下了不同的憧憬：快乐课堂、美丽课堂、智慧课堂、绿色课堂、低碳课堂、自由课堂、生本课堂、学本课堂……其实，"夫物纭纭，各复归其根"。关于理想课堂的表达虽然各不相同，但其中一定是有"公约数"的。我认为，理想课堂至少拥有这些基本元素：自由、快乐、智慧。那么，我们又怎样才能通往理想课堂呢？

培植"向学"与"自学"的学习本能。每个生命都有不断成长的力量，生命不息，成长不止。理想课堂要顺应学生生命成长的需要，创生化育天性、滋养个性的精神生活与学习方式。实践证明，"先学后教"能有力地培植学生与生俱来的学习本能。从这个意义上讲，"先学后教"不仅能促使个体学习能力的觉醒，还能促使心灵的觉醒、成长的觉醒。教师的"退场"就是在不断地催促学生上场，教师的"退位"就是在逼迫学生"到位"，教师的"示弱"就是鼓励学生"逞强"，教师后教就是不断地引导学生先学。当学生的学习本能得以舒放，自由、快乐与智慧也就自然而然地融入课堂之中了。

建构"冲刺"与"挑战"的课堂生活。为什么课堂上常常出现学生精神不振、思维疲软、昏昏欲睡的现象？原因就在于：课堂生活缺乏适当的、令人精神振奋的智力挑战，无法激发学生智力冲刺的欲望。对于机械重复的学习内容，对于单调乏味、缺乏挑战性的重复训练，对于重复啰唆的教学方法，苏联教育家赞可夫一语中的："如果刺激集中在大脑皮层的一个地方，就会使它进入无兴奋状态，于是出现睡眠——完全的或局部的睡眠。"理想课堂立足学生智力生活的"明天性"，应坚信教学要走在学生智力生活的前头，而不是徘徊在学生的身后，让他们不胜其烦。

每节课都要有一个令学生为之沉思默想、不想出来就坐立不安的问题，让学生真正体验到学习的困难、思考的痛苦及快乐。凡是学生自己能学会的或经过学生互教互学能学会的，教师一律让学生自学，绝不包办代替，绝不越俎代庖。这种解放有利于学生真正品尝、品味学习的过程与乐趣，把学生引向内在、深层次、高品质的学习。

构筑"倾听"与"合作"的生命基调。"心灵不是为了被解决，而是为了互相倾听"——倾听与合作是课堂生活中不可替代的一部分，是学生生命成长中不可低估的力量源泉。有研究表明，"合作学习"优于"个人学习"。本真、细腻、深刻、美好的课堂需要建构一个珊瑚丛集结般的学习共同体。在这样的共同体中学习，思想的交锋比比皆是，心灵的共鸣也自然而然，可谓"多元的合奏"。在不断的"智力搏斗"与"思维交战"中，学生的思维逐渐变得更敏锐、更严谨、更丰富、更周密，他们的视野变得更开阔，心灵变得更柔和，精神变得更坚强……同时，他们的理解力、生命力、思考力、创造力与实践力，也可以在课堂上练就。

日本教育学者佐藤学指出：唯有冲刺与挑战的"合作学习"，才是润泽儿童心田的课堂，才是宁静的教室里教师循循善诱的课堂。这种润泽性和缜密性正是培育孩童知性的关键要素。

"为难于易，为大于细。"我们应该从易处、细处出发，理想课堂的大门向我们敞开着。

(作者单位系福建省莆田市教师进修学院)

课堂是如何抑制学生独立精神的

徐 卫

培养学生的独立精神是教育教学的重要目的,遗憾的是,许多教师不仅没有这种意识,而且在课堂中的不少行为在很大程度上还抑制了学生独立精神的发展。从课堂中的师生互动来看,拖声集体应答、按教师意图说话、师生单线问答堪称抑制学生独立精神的"三大死穴"。

拖声集体应答

课堂教学一般以师生相互问好开始,教师说"同学们好",学生拖着声音答"老——师——好——"。这种刻板、套路式的师生问候,让学生进入一种程序化、统一化的课堂学习模式。之后,学生便开始了集体读文本、拖声齐答问题的学习之旅。

传统课堂中,教师关注的是对课堂整体的控制,是如何维护教学秩序,而不是对学生个性特征的尊重。虽然这种拖着声音齐答教师问题的现象十分别扭,但是它能使回答的节奏整齐划一,许多教师也乐于接受、见怪不怪了。这样的教师没有将课堂当成每一个学生生命成长的园地,只是当作自己坐以布道的"道场",他们只关注课堂秩序是否如己所愿,而对学生是否在正常讲话却视而不见。

如果课堂中从师生问候开始的"拖声集体应答"现象彻底消失，学生无论是个人发言还是集体发声，都会是正常的说话状态。当教师首先关注的是学生是否能充分展示自我，再在此基础上实现整体协同，而不是让学生抑制自我去迎合班级同步的时候，我相信，师生之间、生生之间的相互尊重和精神平等就会真正实现。

按教师意图说话

在课堂中，许多学生早已学会了揣摩教师心理，习惯了按照教师的意愿回答问题，说教师想听的话而不说自己的心里话，这种现象已经成为一种课堂常态。

一次，听一名教师执教小学品德《发现朋友有了缺点该怎么办》一课，教师展示了这样一个情境：一群小学生路过一个水果摊，学生小东拿走了一串葡萄。然后，教师请一个学生扮小东，请全班同学指出小东犯了什么错误。于是，一个个学生头头是道地对"小东"进行了一轮又一轮的说教式"帮助"——"小东，你不该偷老爷爷的葡萄，老爷爷这么老了还要摆摊，多不容易啊，你这样做对吗？""小东，你快改正偷东西的坏习惯，把葡萄给老爷爷送回去吧。""小东，你妈妈养育你不是让你去偷东西，而是让你好好学习，你这样做对得起父母吗？"而"小东"则一个劲儿地对帮助他的同学说："我知道错了，我一定改正，谢谢你们的帮助。"课堂教学进行得很流畅，然而，同学们的话真正说服"小东"了吗？

同样，有一次听小学语文《守株待兔》一课，教师请学生体会文中种田人"白捡了一只又肥又大的野兔，高兴得不得了"的心情，讲一件发生在自己身上的故事。一个学生说："有一次，我坐公交车太挤而没有买上车票，白坐了一次车，心里很高兴……"说到"很高兴"的时候，这个学生已经意识到了什么，把声音放得很低，而且有点儿吞吞吐吐。教师马上组织全班学生进行了一次大讨论："这个同学的做法对吗？"于是，其他学生开始了一轮批评指责教育："他的做法是不对的，怎么能白坐公交车不买票呢？""他应该感到惭愧才对，怎么能说心里高兴得很呢？"看着教师不住地点头赞许，我却一点儿也高兴不起来，这个被"围攻"的学生以后恐怕再也不会说出自己的真实感受了。当时，教师只需问问那个学生："为什么你说'心里很高兴'的时候，一点儿也没有高兴的样子，反而有些不好意思呢？"显然，学生已经感觉到这种高兴只是暂时的、表面的，所以不好意思拿来炫耀。假如教师能再进一步引导："如果你能在某一天乘公交车的时候，多拿出一元钱放入投币箱里，并告诉司机叔叔，这是之前我上车忘了投的钱，那时，你是不是能体会到一种'美滋滋'的感觉？"我想，这样的处理，比鼓动一群学生揣摩教师的心思，以成人化的语言去"劝导"一个成长中的学生更加人性化，也更加有效果吧。

当学生不用边揣摩教师的心思边说教师想听的话时，我们的教育教学才能在真实中进行对话，学生才能在真实的思辨中不断反省和提升自己，从而不断走向成熟。

师生单线问答

课堂教学应该是一个教师和众多学生共同参与的活动，但是，在具体的教学过程中，往往表现为，教师与一个学生的问答式对话、教师与一个小组学生的问答式对话、教师与全班学生的问答式对话。在课堂的对话活动中，经常缺少一个学生或一个小组学生，与另一个学生或另一个小组学生之间的交流。即使有这种交流，也往往需要教师在中间进行

"搭桥"和"过渡"。

教师提出一个问题，某一个学生回答，教师对这个学生的回答进行评价，然后再提出新问题，或者请其他学生补充。于是，课堂总是呈现这样的状态：学生回答问题后，其他学生都在望着教师，等待教师评价或提问；一个学生还在发言时，其他学生就高高举着自己的手，眼睛看的不是发言的同学而是准备提问的教师；教师总是先重复学生的发言内容，再问其他学生是否认同、有无补充。总之，学生与学生之间的交流，永远有一个"二传手"的身影，似乎没有教师中转，学生与学生之间的交流就无从做起。

一次，我在给二年级学生上《我们班里的故事多》一课时，我让一个学生评价另一个学生。这个学生却望着我说："我想对他说，他是一个勇敢的孩子……"我用手把这个学生的身体转动了一下，让他面对着要对话的同学，告诉他不要用"他"而要用"你"。然而，被评价的学生并没有反应，傻傻地望着我，直到我问"你听了这位同学的话后，想对他说什么"之后，他才说了一句"谢谢"。

出现这种情况，可能是我的引导问题，也可能是学生的习惯问题。长期以来，教师总是要求学生面对教师发言，而没有创设学生与学生对话的机会。教师应该重视这样的现象，并找出改变这种现象的教学策略，不能让学生永远只把对话的注意力集中在自己与教师之间。

在大力倡导小组合作学习的今天，许多教师都在进行课堂教学改革，小组学习和小组汇报成为课堂教学的重要环节。但是，许多时候，小组汇报仍然是一种"师生单线问答"的交流方式，只不过是由一个教师与一个学生的单线问答，变成了一个教师与一个小组的单线问答。于是，小组合作汇报成为"走形式"，上台汇报的组长或代表完全是打着小组的旗号进行个人观点汇报，然后，由教师进行点评和提问，再让更多的学生或其他小组进行评价和补充。

教师与整班学生的"单线问答"也非常常见。比如，教师常常问"好不好"，学生立即齐答"好"，教师问"行不行"，学生立即齐答"行"。这种表现形式最大的特征是从师从众，按照教师的想法说，按照大家的说法说，而且可以对自己的回答不负责任，不带个体感情。正因如此，教师与整班学生的"单线问答"，也必然会导致"拖声集体应答"现象的出现。

如果课堂教学中的拖声集体应答、按教师意图说话、师生单线问答这"三大死穴"不被化解，甚至教师都对这种状况习以为常，那么，不管"以生为本"的口号喊得有多响亮，不管现代化教育教学设备多么先进，不管教育教学模式如何翻新，课堂教学都会严重抑制学生的个体独立精神，难以给予学生真正的人文关怀。这样的课堂，也不会是以学生为主体的新课堂。

（作者单位系四川省宜宾市教育科学研究所）

习本课堂：放大"习得"的过程

刘荣青

"习得"的过程就是新旧知识相互作用、新知识最终转化为个体能力的过程。习本课堂要求课堂教学全过程始终要以学生及教师的"习得"为本，突出"课前习""课中习""课后习"，打造班组合作与师生互动交织的大课堂。

在知识内化环节"发力"

作为教学三要素的"教、学、习"，"教"主要指传授者的讲授、指导行为；"学"指学习者获取知识的行为；"习"既指学习过程中的反复训练与实践，也指学习行为达到领会、通晓、熟悉的程度，即习得。

显然，"学而时习之"所指的学与习是一个过程的两个不同阶段，"教、学、习"三要素中，唯有"习"字明确包含了教学过程的目标要求——即"习得"的含义。现代学习理论将知识的学习过程划分为习得、保持、应用三个阶段。"习得"即指人类文化在被主体消化、积累、运用乃至创造性发展的过程中，人的心理特性与心理构造得以发生、发展。因此，习得的过程，就是新旧知识相互作用、新知识最终转化为个体能力的过程。

习本课堂要求课堂教学全过程始终要以学生及教师的"习得"为本。"习"除了核心概念"习得知识与能力"之外，还包括学习的习惯与习性；"本"不仅是一般意义上的中心，还代表本质、根本、原本；"课堂"指在当下网络环境与技术支持下，突破原有课堂教学范畴的"课前习""课中习""课后习"，在形式上，班组合作与师生互动交织的大课堂。

习本课堂的研究围绕教育内蕴丰厚的"习"字做文章：在知识内化的温习、练习与拓展环节"发力"，针对盲目推行的"题海战术"、学生课业负担过重等问题，提出练习设计必须遵循目标性、启发性、少而精、分层次等原则，归纳出由旧导新、巩固知识、区别异同、揭示本质、延伸拓宽等 8 种练习设计类型，希望能够有效地遏制低效苦练的课堂偏向，让学生在课业负担有所减轻的同时，有效地将所学知识内化为实用能力。

师生是平等的学习伙伴

习本课堂将培养和提高学生的自主学习能力作为探究方向，在科学认知学生自主发展规律的基础上，一方面拓展并创设有利于学生个体自主生长的空间与情境，另一方面调节教师自主性与学生自主性的平衡关系，将教师自主性摆放到"为增强学生自学能力助推导航"的位置。

自学能力是指学生有效安排自己学习的能力，主要体现为自我意识良性发展基础上的"能学"、激发内在学习动机的"想学"、掌握有效学习策略的"会学"以及学习意愿稳固的"坚持学"。自学能力尽管与个人的先天禀赋有关，但学生与教师、父母及其他学生的积极交往与反馈，也会极大地促进其自主学习能力的发展。因此，努力构建良性互动的师生、生生关系，是打造习本课堂的基础性工作。

国内相关研究指出："中小学生自主欲望非常强烈，但智与行的发展稍微滞后，使得自主性结构中情、智、行的发展参差不齐。"从学生学习成长的全过程来看，学生与教师之间的互动关系表现出以下特征：第一，小学生尤其是低年段的小学生，独立自主的行为较少，其自主性强度明显弱于他主性。第二，在接受教师直接指导时，学生随着自我意识的不断增强，开始有选择地模仿并吸纳教师的良好行为与学习方法，由此既顺应了教师的他主性要求，又将合乎学习规律的他主性要求转化为自主学习的经验积累。第三，学生学习自主性的强弱，与教师自主性的自我调控有密切关系。具体而言，如果教师缺乏对每个学生尤其是基础薄弱学生应有的关注与尊重，将课堂当成自我表现与驾驭学生的"舞台"，那么学生的自主发展空间就会大大受限；相反，如果教师将自己在课堂中的角色定位于"助习者"，以学生的习得为中心来设计、组织、调节课堂教学，以平等、民主、倾听的态度引导、帮助学生主动学习与合作学习，那么学生自主学习的积极性就会大大增强。

因此，习本课堂需要建构的师生关系，必须是相互平等的学习伙伴关系。教师在课堂中的角色，应当是课堂学习活动的创设者、合作探究的辅助者、疑难困惑的点拨者。一方面，教师要甘于退居课堂教学的导演位置，视学生为学习活动的主角，从而突出学生的课堂主体地位；另一方面，教师需要大力提升自己的信息技术素养，在云课堂的技术环境中，不断增强基于课标与教材的视频资源制作能力。

串联合作与探究

随着信息时代的到来，社会对人才的需求开始由标准型人才向创新型人才转变，这也是在向教育领域发出明显的改革信号——提出由共性教育转向个性教育、由统一教学转向差异教学的要求。尤其是在突飞猛进的网络信息技术环境下，在线学习、远程教育、一对一辅导、自助学习软件等学习形式的出现，对延续至今的班级授课制产生了明显的冲击。

班级授课相比一对一辅导，优势在于年龄相近的学习伙伴共聚一堂，既有益于学生生理、心理与学业水平的同阶段发展，也便于教师的教育教学管理。而班集体中师生、生生的多向交流活动，更有助于培养学生的合作学习精神与人际交往能力。

因此，习本课堂特别强调"课中习"，旨在培养学生群体的自主学习与合作学习能力。教师在"课中习"的主要任务，除了针对学生"课前习"时遇到的问题加以点拨解疑之外，还要将学生的合作学习与探究巧妙有序地串联起来。

教师在教学中要把教材与学生串联起来，把一个学生与其他学生串联起来，把一种知识与多种知识串联起来，把之前的知识与未来的知识串联起来，把课堂学习与社会实践串联起来，把学生的现在与未来串联起来……换句话说，习本课堂要求教师转变灌输、操控的角色，尊重学生的个性认知、情感需要，因势利导地串联好课堂探究活动，引导学生在对话、交流、合作中掌握知识、发展自我。

为了克服传统课堂中学生自主学习缺乏施展空间与时间的难题，习本课堂把学生在家中进行的"课前习"创设为个体化学习的新课堂，将其完整纳入教师助习指导的范围，要求教师根据课标与教材提供资源（包括纸质教学参考、教学视频资源、主题活动材料、课外参考资料等），并辅之以学习方法、技巧的提示，分层布置自我检测习题。教师还可以通过对学生学习过程的检测，及时掌握学生的自习效果与存在问题，及时调整策略为下一环节的"课中习"做好有针对性的教学辅导。

"课后习"作为习本课堂的最后一个学习环节，是学生在家中与"课前习"前后呼应的自主学习过程。从学生理解与内化知识存在客观差异的实情出发，"课后习"分别给出"巩固所学知识"（必选）与"拓展所学知识"（可选）两项学习任务，由学生根据自己的实际情况做出相应选择，从而让学生各有所选、各有所获。

云技术支持新课堂

翻转课堂模式的创新之源是教学视频。为了确保学生在家中自主学习的效果能够达到甚至超过教师讲授的效果，教师在制作教学视频时，不仅要将教材内容的知识点精炼、精彩地编织进视频画面，以足够的吸引力刺激学生的视觉、听觉、思维，还要让学生通过自主观看，了解各知识点的内在关联与整体框架。教学视频作为一种新出现的"教育生产力"，让课堂的组织形式、学习方式等"教育生产关系"发生了巨大变化：一是创设了传统课堂教学中不具备的个体学习空间，让所有学生都能在家自主学习相应课程；二是翻转了由知识传授到知识内化的原有教学程序，将知识传授提前到家中进行，而在课堂上主要致力于知识内化的检测、答疑与实践训练；三是改变了以教师为中心的原有教学格局，教学视频让教师隐身，课堂教学要求教师助习，使学生的学习自主性自由生长。

翻转课堂得益于网络信息技术的普及性应用。通过网络平台，教师可以及时了解学生的学习过程，记录学生的学习情况，掌握学生的学习进度与学习效果，从而更有针对性地设计出课堂教学的辅导方案，促进学生的知识内化。可以说，借助现代信息技术推进课堂教学变革的想法，与云技术支持下的习本课堂走的是同一条路。

当然，习本课堂的研究要直面国情、校情与学情，在充分挖掘我国优秀教育传统资源的基础上，有选择地借鉴、吸纳国外普遍有效的经验做法，而非照搬国外课堂教学模式的全套做法。

（作者单位系深圳市罗湖区教育局）

重新认识合作学习

杨秀珍

课改背景下,课堂往往以合作学习为典型特征。近几年,高效课堂改革逐渐将合作学习推向深水区,课堂呈现出了不一样的生态。在实践中,我对合作学习也产生了许多新的认识。

重新审视自学与合学的关系。课堂是以独学为始、独学为终的。独学产生合学的需求,独学消化合学的成果。合学只是手段,是为独学服务的,它的最终目的是使学生实现深度自学。所以,高效课堂的学习路线图是:独学—合学—独学。表面上看,高效课堂放大了合作学习,实际上,在整个学习链条中,自主学习才是最核心的部分。我们也可以这样理解:自学是与教育资源背后的人协同思考,合学是与身边的人协同自学。

重新发现合作学习的密码。合作学习是有前提条件的:一是有合作的需求,二是双方有相互合作的资本,三是基于不同内容可选择不同的合作形式……只有具备了这些前提条件,合作学习才有可能真实、有效地发生。

合作学习有以下几种基本模式:分层—合作学习模式,互助—合作学习模式,建构—合作学习模式,自主—合作学习模式,自主—合作—探究学习模式。

当然，我们也不能忽视合作学习的弊端：学生的误解增加了；学生对教师的依赖可能转变为对同伴的依赖；学生更加重视结果而非过程，一些小组认为他们不能贡献什么，一些学生可能会认为自己不需要贡献什么……

重新认识合作学习中倾听的价值。在真实的课堂中，当展示已经成为学生的学习习惯，培养学生的倾听意识理所当然地要放到重要的位置。倾听不仅是一种美德，更是一种技能。在课堂上倾听别人其实是一件比较困难的事情，这就需要通过训练来培养学生的倾听技能。当然，需要拥有这种倾听意识和技能的不仅是学生，教师也必须掌握这种技能。教师若不善于倾听，就不可能准确地捕捉到学生的学情。

有人曾说："建构合作学习，就是要在班级内培育相互倾听的关系。培育相互倾听关系的第一个要件是，教师要无条件尊重和接纳每个儿童，悉心倾听每个儿童的话语，甚至倾听每个儿童的低语和沉默。"倾听学生的发言，意味着在如下三种关系之中接纳发言：一是认识该发言是由课文中的哪些话语所触发的，二是认识该发言是由其他儿童的哪些发言所触发的，三是认识该发言同该儿童自身先前的发言有着怎样的联系。倾听代表着对他人观点的关注、思考，而这也会让对方在心中产生一种信任感和依赖感。因此，倾听会拉近两人之间的距离。而且通过倾听，能够基于对方的观点进行思考，形成双方思维和经验的连锁反应，有助于将合作学习引向深处。

重新设计合作学习的问题。合作学习要有对话、讨论、探究的空间，问题应尽可能保持开放的张力。对话不是自说自话，不是轮流说提前准备的话，对话是头脑风暴、思维碰撞，重在激发灵感，重在碰撞出思维的火花。总之，对话就是在别人发言的基础上有疑、有感、有思、有悟、有创。

（作者单位系山东省滕州市木石镇中心小学）

合作学习 35 式

郑 杰

　　我从 1996 年开始实践和研究合作学习，到今天向一线教师讲授合作学习知识和技能，已有 20 多年了。为更好地普及合作学习，我很少给一线教师讲理念，而是将合作学习视为一门技艺来传授。我认为，合作学习并不是一种新理念，当前推进合作学习向前的最大障碍在于技术。于是，我将自己定位为合作学习的"技术指导员"，力图提高教师使用合作学习的技能。

　　通常在教师培训中，我们偏向于理念和理论方面的学习，却忽视了教师作为专业技术人员的技艺学习，这已经严重妨碍了课改的深入。

　　在长期的实践中，我总结了 35 种合作学习的策略和方法，围绕着这些策略方法编订了相关教材，让教师们一招一招慢慢练习。我始终认为，合作学习从设计到组织，比传统教学中的"讲授法"难度更大，不经过严格和反复的训练怎么能行？凡"技艺"的学习，就是要靠反复的训练。

　　在这方面，我的观点与美国加利福尼亚州的卡甘博士高度一致。卡甘认为，合作学习是组织课堂交往互动的一系列结构化的教学策略，这一系列结构化的教学策略称为合作结构。在卡甘看来，合作结构就是一组经过精心设计的教学策略，这些策略可用以组织学生之间、学生与教学内容之间、学生与教师之间的互动。卡甘清楚地区分了结构与活动，他认为活动是传递内容的，而结构是不依赖于具体学科内容的，每一种结构都可用来生成一组活动，更确切地说，就是"结构＋内容＝活动"。当教师将内容添加到结构中去就成为特定的课堂活动，当这一系列的课堂活动被组织起来就组成了丰富的课堂教学。卡甘说："不管教师还是学生，合作结构简单易学，今天学了明天就能用，终生都享用。"

我总结的 35 种合作学习称为"郑氏合作学习法"，严格说来，这些合作学习的策略和方法是不能全被冠名为"郑氏"的，因为如"切块拼接法""小组游戏竞赛法""MURDER"等策略和方法并不是我原创的，我从卡甘、约翰逊兄弟、戴维斯、斯莱文等合作学习研究者的著述中学到了许多。最早把我整理的合作学习策略和方法称为"郑氏合作学习法"的，是湖南益阳赫山实验学校，他们接受过不同的培训团队的合作学习培训，冠名"郑氏"是为了与其他类似的培训进行区分。

我将 35 种常用的合作学习策略和方法分为四类：两人组互助、4－6 人协同、走组合作、整班合作。其中 4－6 人协同的策略方法最多，所以有人将合作学习称为小组学习，但真正的合作学习并不仅限于小组内的。

一、两人组互助

第一式：MURDER

1. MURDER 的含义

Mood（情绪：互相问候，确定步骤）

Understand（理解：默读理解段落）

Recall（回忆：中心思想，不再看文章）

Detect（检查：概述中的错误和遗漏）

Elaborate（详述：举例、联系、意见、应用、问题）

Review（复习：总结概括整篇文章）

2. MURDER 的操作步骤

（1）组成两人组。

（2）情绪。两人组相互间可以以各种方式营造一种有利于达成学习目标的气氛，可以简短地聊一会儿，共同约定在读完一段后该怎样示意对方，比如，可以拍一下另一个人的肩或抬起头来。

（3）理解。一起阅读学习材料中的同一部分，同时开始。

（4）回忆。两个人都读完后，一个人向同伴回忆复述材料中的重点内容。

（5）检查。当同伴在回忆时，检查者指出复述中的错误和遗漏。

（6）详述。两个成员举出生活中能反映材料中心意思的例子。

（7）复习。完成上述任务后，两个人都要对全文进行概括总结。

3. MURDER 的操作要领

（1）两人组应尽量差异编组，两人轮流做"检查者"和"回忆者"。

（2）教师可以事先把文章分成几部分，也可由学生来分。

（3）要求学员不要省略其中任何一个环节，否则将影响学习效果。

（4）详述时可以举出符合材料中心意思的例子，也可以举出反例。

4. MURDER 的运用

（1）适用于两人互助式的合作学习。

（2）适用于事实性知识和概念性知识的学习。

（3）适用于知识的记忆和理解。

第二式：练练法

1. 练练法的操作步骤

（1）阅读一段文字材料。

（2）由一名成员按文字上的要求发出动作指令。

（3）其他成员按指令完成动作。

2. 练练法的操作要领

(1) 发出指令的成员必须忠于学习材料内容。

(2) 其他成员必须按指令要求做。

3. 练练法的适用范围

(1) 适用于有具体操作流程要求的学习活动。

(2) 适用于技能学习。

第三式：两人互查法

1. 两人互查法的操作步骤

(1) 两两结对，为 A、B。

(2) A 向 B 提问，B 在不看材料的情况下回答 A 的提问。

(3) A 向 B 寻求解释；B 在回答不了时，可向 A 寻求帮助，A 应予以帮助。

(4) 轮换角色。

2. 两人互查的操作要领

(1) 发放给学生的学习资料尽量事先未被阅读和学习过。

(2) 无论回答是否正确，都应向对方阐述自己的思维过程；如有疑问可进一步追问。

3. 两人互查的适用范围

(1) 适用于程序性知识和元认知知识的学习。

(2) 适用于探究性学习活动。

二、4－6人组协同

第四式：叽叽喳喳法

1. 叽叽喳喳法的操作步骤

(1) 学生围坐在一起，4－6人为宜。

（2）让学生自由发言，有话则长，无话则短。

2. 叽叽喳喳法的操作要领

（1）提示学员注意倾听他人发言，在打断他人发言时注意要礼貌。

（2）当有小组成员发言过长，计时员应予以提示。

（3）当出现冷场时，组长应鼓励学员积极参与。

（4）当噪音过大时，教师或组内噪音控制员应予以干预。

3. 叽叽喳喳法的运用

这是合作学习中最松散和最自由的一种合作策略，能充分体现良好的合作氛围。适用于需要创造性思维的学习活动中；在具备合作技能的合作小组中展开更为有效。

第五式：接力法

1. 接力法的操作步骤

（1）组成 4—6 人小组，确定 A、B、C、D（E、F）角色。

（2）每个成员都将独立思考后形成的答案写在纸上。

（3）从 A 开始，每人只回答一部分内容，其他成员依次做补充，直至构成完整内容。

（4）最后汇总所有信息，由汇报员或任一成员向全班汇报。

2. 接力法的操作要领

（1）每个人只能说部分内容，以保证其他成员能做补充。

（2）做补充时不能重复其他成员已经说过的内容。

（3）保证每个成员都说完，当不再有补充时，才能进行汇总。

3. 接力法的运用

接力法是一种协同式的合作学习策略，主要适用于：

（1）探究性的和创新性的学习活动。

（2）需要举出实例（列举）的学习活动。

（3）需要对所学知识进行回顾的学习活动。

第六式：坐庄法

1. 坐庄法的操作步骤

（1）组成4—6人小组，确定A、B、C、D（E、F）角色。

（2）每个成员都要将独立思考后形成的答案写在纸上。

（3）由A负责主持（坐庄），A邀请到某一成员时，该成员要进行回答。

（4）A在听取了所有成员的意见后，进行汇总，并对每一成员发言时的优点进行表扬。

2. 坐庄法的操作要领

（1）主持人可以随机确定；主持人尽量先邀请学习能力较弱的成员优先发言。

（2）被邀请到的成员应尽可能地穷尽答案，其他成员可以做补充，也可以发表不同意见。

（3）第一名发言的成员必须由主持人邀请，之后可以举手争取被邀请；未经主持人邀请，不得发言。

3. 坐庄法的运用同"接力法"。

第七式：三步采访法

1. 三步采访法的操作步骤

（1）组成4人小组，确定A、B、C、D四个角色，A、B和C、D各自组成两个2人组。

（2）A采访B，同时C采访D。

（3）互换角色，即B采访A，同时D采访C。

（4）A向C和D介绍B的采访信息；B向C和D介绍A的采访信息；C向A和B介绍D的采访信息；D向A和B介绍C的采访信息。

（5）A最后汇总所有信息。

2. 三步采访法的操作要领

(1) 应事先将采访题目发给学员，使其有充分的时间做回忆和思考。

(2) 可让学员模仿采访的场景，采访者手中持笔做话筒。

(3) 要求采访者对采访对象谈话中的重点部分做好记录。

(4) 根据实际情况，可省去第三步采访，只实施2人组的互访。

(5) 要求被采访者不仅说出思维的结果，更要向采访者说明思维过程。

3. 三步采访法的运用

三步采访法是一种协同式的合作学习策略，主要适用于：

(1) 小组成员分享差异化的信息。

(2) 需要高水平认知活动的学习环节。

(3) 充分展示思维过程的学习活动。

第八式：记记法

1. 记记法的操作步骤

(1) 组成4—6人组。

(2) 桌面上摆放题卡，题卡正面是问题，背面是答案。

(3) A向其他成员出示卡片正面的问题，其他学员抢答。

(4) 互换角色，B、C、D分别向其他学员出示卡片正面的问题，其他成员抢答。

2. 记记法的操作要领

(1) 每张题卡上只能有一道题，答案应是唯一的。

(2) 答题人对某一问题只可以回答一次。

(3) 题卡上的题可以由教师提供，也可以由学生自主设定。

(4) 可使用抢答，也可以使用指定答题人的方式进行。

3. 记记法的运用

适用于记忆和理解层面的认知活动。

第九式：围圈传

1. 围圈传的操作步骤

（1）4—6人小组围成圈。

（2）每个成员独立思考。

（3）由A先在纸上写下心中的答案或想法，然后传给B。

（4）由B在纸上写，传给C……直到全部写完。

（5）小组讨论，对纸上的答案或想法进行评估。

2. 围圈传的操作要领

（1）每位成员的所有的观点都要记录，但在围圈传时不进行任何评论。

（2）其他成员正在书写时，自己应保持安静。

（3）如果轮到自己，却没有内容可写，应向大家道歉，然后传到下一位。

（4）可借鉴其他成员的内容，但自己在纸上写下的内容不能与他人的重复。

3. 围圈传的适用范围

（1）适用于对事物的分析，并找到现象背后的原因。

（2）适用于需要创造性思维的学习活动。

第十式：合作辩论法

1. 合作辩论法的操作步骤

（1）教师对需要辩论的问题做讲解，或为学生提供和这一问题有关的材料，或由学生自己进行相关材料的研究和搜集。

（2）把学生分为4人小组，每组又分成两方。指定每一方必须持有的一种立场，正方或反方；一方准备向另一方陈述他们被指定的立场。

（3）双方陈述指定的立场。一方陈述时，另一方应做好记录，并保持沉默。在陈述过程中，除了提问没有听懂的问题，任何反对意见都应等到下一步方能提出。

（4）陈述之后，学生们进行辩论，力争说服对方认为另一方的立场是正确的。

（5）双方互换立场，准备陈述与此前相反的观点：原先为正方的学生现在要准备作为反方出现，反方学生则做正方。

（6）学生们就新指定的立场重复（3）和（4）。

（7）不再给学生们指定立场，每个学生陈述他们自己对这一问题的观点，整个小组力争就这一观点达成一致。

2. 合作辩论法的操作要领

（1）辩论前，应使学生对于所要辩论的话题有所了解，了解得越多，辩论越有效。

（2）鼓励学生自己收集与辩论相关的材料，否则这一辩论便没有多大效用。为了提供这一背景知识，教师可以对这一问题做些讲解，以减少课堂讨论的困难；或为学生提供有关这一问题的材料，鼓励学生自己进行研究等等。

（3）参加合作辩论的人在辩论结束时力争达成一致。在这过程之中并不要求他们在小组内真正达成一致，而只是要求他们努力争取做到这一点就可以。这种达成一致的努力恰恰是合作辩论法的核心，相反，在传统辩论中，其目标是击败对方，而不是力争与对方探讨真理。

3. 合作辩论法的适用范围

（1）适用于价值观层面的讨论。

（2）适用于探究性的学习活动。

第十一式：联想链

1. 联想链的操作步骤

（1）请学生回答由某个主题所联想到的内容。可以提出如下问题：

这个主题让你想到了什么？如果你是某某，你会怎么做？如果只能举一例，你会列举什么样的事物？你会把某某比喻成什么？如果要列举某某一样的经历，你会列举什么？等等。

（2）组内成员依次迅速做出回答。

（3）记录每一位成员回答的内容。

（4）小组对记录的内容进行评估。

2. 联想链的操作要领

（1）在联想和发言时，速度是关键，最好是突发奇想，不要深思熟虑。

（2）小组汇总和评估时，虽然要对异想天开、不切实际的回答予以剔除，但对创意依然要表示鼓励。

3. 联想链的适用范围

（1）适用于需要有想象力和创造力的学习活动。

（2）适用于讨论开放性的没有固定答案的问题。

第十二式：发言卡

1. 发言卡的操作步骤

（1）给每名学生发放三张发言卡。

（2）小组成员在组内发言，每讲一次话，则拿出一张卡片。

（3）卡片用完后，不能再讲话，只能提问，直到每个人都用完发言卡。

2. 发言卡的操作要领

（1）发言卡的张数可根据需要确定，也可每个人都不一样多。

（2）可用颜色对发言卡进行区分。

（3）为增加趣味性，可由学生设计发言卡。

3. 发言卡的适应范围

（1）适用于任何话题的小组讨论。

（2）特别适用于需要鼓励发言的活动中。

第十三式：复述通行证

1. 复述通行证的操作步骤

（1）将学生编为4—6人组。

（2）A将自己的想法阐述给其他成员，B在发表自己的观点之前先复述A的话。

（3）A确认B的复述，表示B复述无误，B方能开始发表观点。

（4）依次，每位成员发表观点前都必须复述前一位成员的话，并经过前一位成员的认可方能发言。

2. 复述通行证的操作要领

（1）要求每个成员必须倾听，才能做出完整的复述。

（2）如果后一位成员的复述没有经过前一位的认可，就不能发表观点。

3. 复述通行证的适用范围

（1）适用于将自己的观点建立在其他成员基础上的合作活动。

（2）适用于对所有的观点进行总结和梳理的学习活动。

第十四式：小先生（艺友）

1. 小先生的操作步骤

（1）由一名学员扮演教师，其他学员扮演他的学生。

（2）扮演教师的学员向其他学员讲授学习内容，而后组织小组活动。

（3）组织学员进行小组学习并进行观察和监控。

（4）检测学员学习情况。

（5）对小组活动进行评价和反馈。

2. 小先生的操作要领

（1）扮演教师的学员应事先掌握学习材料上的内容。

（2）扮演教师的学员在学员小组学习时应检查小组交互行为。

3. 小先生的适用范围

适合于有正确答案、目标明确的学习活动。

第十五式：连环画展法

1. 连环画展法的操作步骤

（1）小组合作，以连续性的图画和台词来呈现学习成果。

（2）各组在指定位置上张贴连环画，并向大家做说明。

（3）参观其他小组张贴的连环画，将自己的意见张贴在连环画旁边。

2. 连环画展法的操作要领

（1）要求各组制作连环画时应先明确小组分工，一般要求一人统筹，一人绘画，一人配台词，一人向大家做说明。

（2）要求通过设置起、承、转、合或收场等噱头来润色故事情节；也可以制作四格漫画。

（3）观看完作品后，可以将意见写在便签上，粘贴在作品边；也可以准备意见本或留言本。

3. 连环画展法的适用范围

（1）适用于讲故事的和设计情节的学习活动。

（2）适用于学习活动的展示环节。

第十六式：非正式学习

1. 非正式学习的操作步骤

（1）组成4人组，确定编号A、B、C、D。

（2）由A讲述一个案例或一个观点。

（3）由B对A所说的内容进行阐发。

（4）由C分析A所讲述的内容背后的原因。

（5）由D对A、B、C三位成员的发言进行汇总和小结。

2. 非正式学习的操作要领

（1）A 讲完后，应检查其他三位学员听得是否准确、理解是否正确。

（2）B 应运用感性的思维方式，一般以举例的方式进行阐发，可以是正例，也可以是反例。

（3）C 应运用理性的思维方式，一般要解释分析的方法及原因。

（4）D 在总结时应作自我反思。

（5）如果小组人数超出 4 人，则可以增加 B、C、D 角色。

3. 非正式学习的适用范围

（1）适用于反思性学习。

（2）适用于高水平认知活动。

第十七式：实地漫步

1. 实地漫步的操作步骤

（1）组成 4—6 人组，做好分工。

（2）小组确定漫步主题。

（3）到实地漫步，通过自己的眼睛、耳朵和双脚去收集资料和信息。

（4）小组成员共同整理素材，进行分享。

2. 实地漫步的操作要领

（1）实地漫步时应带着相机、手机和笔记本；充分地调动五官，从各个角度去细致观察。

（2）小组成员可结对漫步，也可独立行走。

（3）主题应集中，不宜超过两个。

3. 实地漫步的适用范围

（1）适用于情感、态度和价值观的学习。

（2）适用于考察、体验和探究性活动。

第十八式：小组调查法

1. 小组调查法的操作步骤

小组调查法通常包括确定选题并分组、小组调查设计、进行小组调查、准备总结报告、呈现总结报告、评价这六个连续不断的活动阶段。由于调查论题范围不同，教师和学生活动技巧程序不一，整个活动可能持续一两周，甚至几个月。

(1) 确定选题并分组

步骤1：教师向全班提出一个宽泛的总论题。

步骤2：让学生明确表述他们所选择的探究子论题。

步骤3：教师将学生列举的子论题通报全班。

步骤4：通过小组合作讨论把子论题分成几个不同的类别，所分类的结果即作为各个不同的小组进行调查的子论题。

步骤5：把各个子论题的题目向全班公开，接着，每个学生都参加所选择的子论题的小组活动。

(2) 小组调查设计

小组调查设计可以通过填写和应用作业单的形式来进行。一般而言，作业单要明确小组的研究论题、小组的成员、要调查的内容、所需要的资料、如何分工等。

(3) 进行小组调查

各个小组按照小组调查设计，由每个成员从各种资源中收集信息，分析评价资料，得出结论，在小组中共享研究成果，比较各自的发现，交换、讨论、澄清和综合不同的观点，达成共识，用于解决小组研究的问题。

(4) 准备总结报告

在调查完成之后，所有小组成员参与设计一份向全班呈报的总结报告。最后的总结报告可以用书面报告、展览、戏剧等形式呈现。

(5) 呈现总结报告

所有小组集合在一起，根据事先确定的呈现程序，每个小组向全班汇报他们的总结报告。在每个小组汇报后，作为"听众"的小组成员都要对他们看到的和听到的作出反应。

(6) 评价

学生与同伴之间可以共同讨论评价他们所研究的论题、所做的工作以及情感体验，可以把自己对论题的感受，以及作为一个调查者如何提高有效性的想法写下来。

教师要对小组调查过程本身进行评价，要对学生所研究论题的思维水平进行评价，要评价学生把知识应用于解决新问题的能力、推理的运用能力、对结论的抽象能力。

2. 小组调查法的操作要领

(1) 论题的选择可以是课程中的，也可以是从学生的兴趣中引发的，还可以是当前时事中的问题。

(2) 总论题应以问题的形式表述出来，而且应引起学生各种不同的反应，激发学生去探索、了解答案。教师可通过让学生查阅教科书、杂志、论文、互联网等各种资源，进一步激励学生进行探究。

(3) 子论题的选择可以由合作小组通过多种途径来完成。例如，可以让每个学生写出自己要调查的问题，然后在人数不断增加的小组中继续进行设计，人数从2一直到8。在这个过程中，学生对他们所列举的问题进行比较，删除重复的子论题，最后形成一份子论题单，使之代表所有参与者的共同兴趣。

(4) 在具体的小组分工方面，可以让某位学生担任记录员，负责组织整个工作，提醒小组成员他们的任务是什么，何时该向小组报告，并对每一个人的进步情况做记录。可设一名协调员，在小组讨论的过程中起领导作用，同时还要鼓励每一个成员都要为小组作出努力。

(5) 教师可以公布每个小组的作业单，提醒大家每个小组正在做什么，使大家了解全班的情况。

（6）小组调查阶段所需时间最长，教师要给学生一定的时间限制，但要努力确保使学生在完成调查活动之前不被干扰。

（7）在呈现总结报告的过程中，小组成员应一起交流彼此的作业情况，不断讨论各种问题，把自己学到的知识的核心部分教给其他同学。

（8）教师可抽取小组代表组成指导委员会，协调各小组关于小组报告的计划。

（9）在评价阶段，教师和学生也可以合作进行评价活动。

3. 小组调查法的适用范围

适用于探究性的学习活动。

第十九式：意见一致游戏

1. 意见一致游戏的操作步骤

（1）组成 4—6 人小组。

（2）确定研讨主题。

（3）各组讨论这一主题的关键点。

（4）各组向全班发布这些关键点。

（5）自由辩论。

（6）教师出示答案，最接近正确答案的一方获胜。

2. 意见一致游戏的操作要领

（1）在小组讨论前，应确保学生有独立思考时间。

（2）小组讨论应尽可能充分；为进一步促进思考，还可以要求小组对关键点根据重要程度排序。

（3）也可以进行没有正确答案的游戏，但应使讨论指向于意见一致。

3. 意见一致游戏的适用范围

（1）适用于高水平认知活动。

（2）适用于探究性学习活动。

第二十式：情景表演

1. 情景表演的操作步骤

阶段1：小组准备活动。确定问题；明确情境；编创脚本；解释角色要求。

阶段2：挑选扮演者。分析角色特征；选择角色扮演者。

阶段3：安排场景。确定表演程序；重述角色；进入情境。

阶段4：组织观众。确定观察任务；分配观察任务。

阶段5：表演。开始表演；表演结束。

阶段6：讨论和评价。

阶段7：重新表演。表演修改过的角色；提出下一步或行为转变的建议。

阶段8：讨论和评价。

阶段9：分享经验和总结。把情景表演中发现的问题和取得的经验同当前问题联系起来。

2. 情景表演的操作要领

（1）教师的提问及评论应该鼓励学生自由、真实地表达思想和情感。

（2）一定要创设问题情境，问题情境非常重要。要让一个或几个角色都处于两难境地而又必须做出选择。

（3）可以从电影、小说及短篇故事中寻找、借鉴问题情境的素材。

3. 情景表演的适用范围

（1）适用于理解学习材料上的关键内容。

（2）适用于培养学生想象力和创造力的学习活动。

第二十一式：合作思维导图

1. 合作思维导图的操作步骤

（1）给出一个固定的主题。

(2) 围绕这一主题，每个人独立写出理由。

(3) 小组成员合作在宣传纸上画出导图。

(4) 向全班展示导图。

2. 合作思维导图的操作要领

(1) 要围绕主题，且以图形的形式体现。

(2) 简洁，突出关键词。

(3) 小组先讨论和构思，然后正式动笔。

3. 合作思维导图的适用范围

(1) 适用于知识的复习整理环节。

(2) 适用于需要创造性思维的学习活动。

第二十二式：综合排序法

1. 综合排序法的操作步骤

(1) 向参与者提供或者由他们自己创建一组不同的决策意见。

(2) 每一位小组成员按个人观点依次对意见进行选择。

(3) 在小组中对每一种选择的结果做出统计并重新排序。

(4) 每个小组选出一位代表，公布本组的统计结果。

(5) 对各个小组的最高得分项目加以公示。

2. 综合排序法的操作要领

(1) 每个人都应该在不受暗示和干预的情况下做出选择。

(2) 每个人都应充分发表自己的观点，在此基础上小组进行综合。

(3) 虽然要综合小组意见，但每个人都有保留自己观点的权利。

3. 综合排序法的适用范围

(1) 当小组产生意见分歧时，运用综合排序法可以有效地对小组意见进行取舍。

(2) 适用于对价值观的讨论。

第二十三式：小组成绩分享法

小组成绩分享法是美国约翰·霍普金斯大学斯莱文及其同事研制的。小组成绩分享法的基本思想就是强调小组奖励、所有人成功机会均等以及组内合作、组间竞争。

1. 小组成绩分享法的操作步骤

（1）准备工作：分组；确定每名学生的基础分；准备辅助材料。

（2）教师通过讲座等方式授课。

（3）小组学习，为测验做准备。

（4）学生独立进行测验。

（5）小组得到认可。教师根据学生的测验分数和基础分，计算学生个人提高分和小组得分，并以此为依据对小组进行奖励。

2. 小组成绩分享法的操作要领

（1）由于小组成绩分享法强调小组之间的竞争，各小组在成员的能力平等的基础上才能保证竞争的公平性，科学分组是一个关键的问题，所以，使用小组成绩分享法时，一般不允许学生自由选择小组，主要由教师决定。

（2）在实施小组成绩分享法时，要使用一些辅助材料，教师必须提前准备。这些辅助材料包括：

①作业单：主要在小组讨论时使用，使学生熟悉教师的授课内容。它由若干问题组成，要解答这些问题就要用到所学的内容。

②答案单：提供作业单的答案，小组讨论结束之后由教师发给小组，各小组自行订正、自我检讨，可以起到立即反馈的效果。

③小测验：是供当堂测验或一个单元学习结束之后使用的小考卷，测验时由学生自己作答，测验分数不仅影响个人成绩，也会影响小组的得分。为了在小组测验中有良好的表现，个人在小组讨论、练习作业单时力求理解，不懂的地方立刻寻求同学的帮助。

（3）授课之前，教师先宣布：在讲授之后，将组织小组活动，并要当堂测验以检查小组学习的效果。教师的讲授应当紧扣测验目标，方式应生动有趣，能够激发学生兴趣；讲授过程中应减少不必要的间断或提问，以提高效率。

（4）教师给每个小组发放两份作业单和答案单，并向学生解释，之所以不发四份材料使人手一份，是为了促使组员通过共享资料进行合作。

（5）学生的试卷既可由教师批阅，也可由不同的小组交换批阅（注意：要求批阅人签名，以确保公平），然后尽快算出测验分数。

（6）教师应当根据学生的年龄特点，开发适当的"授励"方式，使学生充分体验到成功的乐趣；教师还可以与学生一起商量奖励方式，以起到激励的作用。

3. 小组成绩分享法的适用范围

（1）适合于大多数学科和年级水平。

（2）适合于有正确答案、目标明确的学习活动。

三、走组合作

第二十四式：切块拼接法

1. 切块拼接法的操作步骤

（1）编组。将学生编为4—6人组，每个小组成员就分到的某一项学习材料的有关章节或单元进行阅读。

（2）自学。给每个小组发放一份"专家作业单"，各成员分别就不同的问题再次进行深入阅读和研究；"专家作业单"上一般包括对某一单元最为重要的4个论题，以及与专家论题有关的材料。

（3）专家组讨论。不同小组阅读同一内容的成员组成"专家组"，共同讨论他们的问题；教师可把提前准备好的每一个论题的讨论提纲发给每个专家组。

（4）小组汇报。专家组讨论结束后，专家组成员各自返回其原来所在小组，轮流把自己所学内容和讨论的论题及结果教给自己的小组同伴。

（5）测验。每个小组成员参加包括所有学习内容的测验，并将测验分数转化成小组得分。

2. 切块拼接法的操作要领

（1）在编组阶段，应将相对较容易的学习资料分发给学习能力较弱的小组成员。

（2）每一个专家组由教师指定一名负责人，其工作职责主要是组织与协调讨论过程，安排举手的同学发言，并要确保每一个学生都能积极参与。所有的学生在适当的时机都有机会担当专家组负责人这一角色；在专家组讨论的过程中，教师可巡回于各组中进行指导，但不能取代各小组讨论负责人的职责。

（3）专家组的讨论时间一般可控制在20分钟左右；专家组成员通过共同学习和研究，直到熟练掌握这部分材料内容；教师应多观察和参与学习能力相对较弱的专家组的学习和讨论。

（4）小组汇报时，应允许和鼓励小组成员向"汇报专家"发问。

（5）当堂测验的试题应涵盖某一任务的所有内容，每一个论题一般设两个问题或每一论题的问题数量要相同；可以设置一些需要具有相当理解力才能完成的题目，以激发学生的积极性。

（6）学生答完后，教师可将试卷收上来自己评判，也可让学生与其他小组的成员交换试卷评分。

3. 切块拼接法的运用

切块拼接法属于"互助式"的合作学习策略，适用于：

（1）可将材料按并列关系切块和中等难度的学习内容。

（2）具备一定自学能力的学员。

(3) 对事实性和概念性知识的记忆、理解。

(4) 单元教学和复习课。

第二十五式：组际评价法

1. 组际评价法的步骤

(1) 由一名学员向外组的任一学员提问。

(2) 被点到的学员代表本组回答提问。

(3) 发出提问的学员应对被点到的学员的回答做出反馈和评价。

(4) 回答问题的学员同样向外组的任一学员提问。

(5) 重复（2）—（4）步骤，直到教师宣布结束。

2. 组际评价法的操作要领

(1) 回答问题的学员应注意倾听，不应重复之前学员已经回答过的内容。

(2) 回答问题的学员与提问的学员应两两面对，形成课堂对话。

(3) 回答问题的学员应主动寻求提问学员的反馈。

(4) 教师应事先给出反馈与评价的内容，以使反馈评价更为有效。

3. 组际评价法的运用

(1) 适用于全班交流和组际竞争。

(2) 适用于知识记忆、理解和应用。

(3) 适用于知识的总结和复习。

第二十六式：组际批阅法

1. 组际批阅法的操作步骤

(1) 各小组派出一名成员到其他小组。

(2) 按标准答案上的内容对答题纸上的答案进行批阅。

(3) 反馈批阅结果，回复对方的疑问。

(4) 将分数誊写在分数公示栏。

2. 组际批阅法的操作要领

（1）批阅时，批阅者应低声朗读答题纸的答案。

（2）回复被批阅小组的疑问，直到对方信服。

（3）如有批阅错误，应向对方表示歉意。

（4）在批阅论述题时，与答案类似的应算作正确；批阅者和被批阅小组有较大分歧的，则请教师做出仲裁。

3. 组际批阅法的适用范围

适用于有标准答案的认知活动。

第二十七式：内外圈

1. 内外圈的操作步骤

（1）小组中一半成员组成内圈，面朝外，另一半成员组成外圈，面对内圈；外圈中的每个人都应面对内圈的一个人。

（2）面对面的两个人进行交流。

（3）外圈的人轮换位置，面对内圈中另外一个人。

（4）面对面继续交流。

2. 内外圈的操作要领

（1）组合内外圈时，可以是本组的一半成员是内圈，另外一半成员是外圈；也可以跨组组成内外圈，即，一个组为内圈，另外一个组为外圈，甚至可以由女生做内圈，男生做外圈。

（2）已经先讨论完的成员可以举手示意，当内外圈中大多数成员都已经讨论完，由一名成员统一指挥轮换。

（3）全部轮换并讨论完毕后，由组长向教师示意，经教师许可后方可入座。

3. 内外圈的运用

（1）这是合作学习中用于高水平思维活动的一种合作策略。

（2）主要适用于分析、评价和创造性的认知活动。

(3) 也可以用于对他人的学习指导,即,内圈每人成为一个学习内容的专家,反复教授外圈的同学。

第二十八式:一人走,三人留

1. "一人走,三人留"的操作步骤

(1) 每个小组派一名代表,离开本组到其他小组。

(2) 到其他小组参与小组活动。

(3) 离开其他小组,回到本组。

2. "一人走,三人留"的操作要领

(1) 应在教师指令下统一行动。

(2) 每个组只能派出一名代表,每个组也只能接纳一名外组代表。

(3) 也可使用"三人走,一人留"的方法,但要规定三人不能都到同一个外组。

3. "三人走,一人留"的适应范围

(1) 适用于完善解决问题的方案。

(2) 适用于创造性思维活动。

第二十九式:小组游戏竞赛法

小组游戏竞赛法是一种富有成效的合作学习策略,它是由约翰·霍普金斯大学的迪沃里斯和斯莱文共同创设的。

1. 小组游戏竞赛法的操作步骤

小组游戏竞赛法与"小组成绩分享法"在操作步骤上是基本相同的,所不同的是,小组游戏竞赛法加上了游戏这个富有刺激的因素,以每周一次的学业竞赛代替了"小组成绩分享法"中的测验和个人提高分计分制。

(1) 教学。"小组成绩分享法"相同,由教师按教学计划讲授新课。

(2) 小组学习。与"小组成绩分享法"相同,在教师讲授新课之后,学生在小组中根据学习作业单学习掌握学习内容；教师通常发给学生两份作业单和两份答案单。

（3）竞赛。这一环节的主要任务是使能力相似或过去有相似学业成绩记录的学生，在3人"竞赛桌"旁展开游戏竞赛活动（4人也可）。游戏通常由设计教学内容的问题构成，旨在测验学生对教师在课堂上所呈现知识的掌握情况。每一张竞赛桌的3名学生都代表着不同的合作小组。

（4）小组认可。竞赛结束后，将所有组员的分数相加，将所得总分除以参加游戏的小组人数，得数即为小组平均分数；与"小组成绩分享法"相同，成绩优异的小组将获得认可或其他形式的奖励。

2. 小组游戏竞赛法的操作要领

（1）为保证竞争的公平性，应每周根据学生的成绩对竞赛桌的安排做一次调整。

（2）为保证这一活动顺利进行，需要事先准备一些相关的教学材料：一份竞赛桌安排情况单；为每一竞赛桌准备一份游戏问题单和游戏问题答案单（与"小组成绩分享法"中试卷与答案单相同）；为每一竞赛桌准备一份游戏得分单；为每一竞赛桌准备一套数字卡片，其数字应与游戏问题单上的数字相对应。

（3）在游戏竞赛开始之前，教师要向学生公布竞赛桌的安排。在学生到各自的竞赛桌旁就座后，分发给每一竞赛桌一份游戏问题单、一份答案单、一套数字卡片和一份游戏得分单。

（4）根据约定的规则，依次由一名学生选出一张带有数码的卡片，并在问题单上找出相对应的题目，先朗读题目，然后进行回答；如对问题的答案拿不准，可以猜，然后由同一竞赛桌的其他两人先后进行质疑；当每个人都给出了答案，也进行了质疑，则由第二名质疑者检查答案单，朗读正确答案，答对题者保存卡片；质疑者中，谁答错了题，谁就得把先前赢得的卡片还回一张去（如果他们有的话）；如果某个问题谁都没有答对,那么这张相应的卡片也得还回去;当游戏做完后,参赛者要把赢得的卡片数量填写到游戏分数单的第一栏第一局中。

(5) 如果时间充足,学生们可以重新洗卡片,进行第二局游戏,直至结束。

(6) 根据每一名学生所获得的卡片数,计算每人的竞赛得分,具体计算方法视情况而定。比如在 3 人桌竞赛不等分的情况下,得卡最多的学生得 60 分,第二名得 40 分,得卡最少的学生得 20 分;当每名学生都得出了分数后,请一名学生把游戏分数单收起来。

(7) 在竞争过程中,是不允许小组成员之间互相帮助的,目的是保证个体责任的落实。

3. 小组游戏竞赛法的适用范围

学生小组学习法主要是通过成绩的评价来鼓励每个学生参与,适合有一个正确答案的界定清楚的目标教学。

四、整班合作

第三十式:四角站立法

1. 四角站立法的操作步骤

(1) 对某一开放性问题,先思考自己的立场:"非常同意""同意""反对""非常反对"。

(2) 相同立场的学员站在一起,构成四个谈话角。

(3) 每个谈话角选出一名代表做主持,在成员中收集支持本立场的论据。

(4) 主持人代表向全班陈述立场。

(5) 四位学员陈述完立场后,成员可变换立场,并站到新的立场的角落上。

(6) 改变立场的学员向全班解释改变立场的原因。

2. 四角站立法的操作要领

(1) 提示学员尊重和倾听其他立场的学员的发言。

(2) 主持人收集论据时,应对有所贡献的成员进行表扬。

(3) 当噪音过大时,教师应予以干预。

(4) 鼓励学员克服情面观,要袒露自己真实的想法。

3. 四角站立法的运用

四角站立法是一种协同式的合作学习策略,主要适用于:

(1) 需要发表自己观点的开放性学习活动。

(2) 需要对自己观点进行修正的学习活动。

(3) 需要打破小组进行更大范围合作的学习活动。

第三十一式:站立-分享法

1. 站立-分享法的操作步骤

(1) 全班学生起立。

(2) 随机提问一名学生,与该学生观点一致的其他学生坐下。

(3) 再随机指定一名站着的学生回答,与该学生观点一致的其他学生坐下。

(4) 直到全部坐下。

2. 站立-分享法的操作要领

(1) 为防止出现未经思考就附和他人观点的现象,可要求学生事先将观点写在纸上,或随机抽一名学生回答同意他人观点的理由。

(2) 应允许学生在讨论过程中改变起先的观点;可在讨论完毕后再安排一次站立分享。

3. 站立-分享法的适用范围

(1) 适用于易引发意见分歧的开放性问题讨论活动。

(2) 适用于需要创造性解决问题的学习活动。

(3) 适用于训练学生求异思维的学习活动。

第三十二式：对折评价线

1. 对折评价线的操作步骤

(1) 学生独立思考在某一论题上的立场。

(2) 每个人在纸上画一条直线，将两个完全相反立场的选项放在直线的两端，并将直线均分为八格。

(3) 在自己认可的一格上打上标记，所做的标记越是靠左，则代表自己的观点越是接近或等同于左侧立场；所做的标记越是靠右，则代表自己的观点越是接近或等同于右侧立场。

(4) 所有学生站成一排，呈一条就像他们在纸上画的那样的评价线型，每个人所站位置根据他的观点所定。

(5) 将整个一排分成两部分，从最左端站到中心点学员为左半部分，从中心到最右端的是右半部分；左半部分的同学从头至尾依次走到右半部分同学的对面。如，全班成员共 36 人，最左端的 1 号和最右端的 36 号对面站立；18 号和右半部分中心附近的 19 号对面站立。

(6) 面对面站立并讨论：为什么会持有与对方不同（或相同）的观点？

2. 对折评价线的操作要领

(1) 为防止出现未经思考就附和他人观点的现象，可要求学生事先将观点写在纸上，并在讨论前先在小组内公开自己的观点。

(2) 如果班级人数过多，可将讨论地点移至教室外的走廊或操场上。

(3) 也可根据需要使用"并行评价线"的方法，即，将整个一排分成两部分，左半部分的同学从头至尾依次走到右半部分同学的对面，最左端的 1 号和中心附近的 19 号对面站立，18 号和最右端的 36 号对面站着。

3. 对折评价线的适用范围

适用于公开表明自己立场的价值讨论活动。

第三十三式：人形矩阵

1. 人形矩阵的操作步骤

（1）在教室中画出一条假想的平分线，一侧表示赞成，另一侧表示反对；让参加者自由选择站位，未确定立场的在原位。

（2）相邻的人讨论为什么选择这个位置。

（3）两侧各派代表向全班阐述选择该立场的理由；在阐述理由时，所有人都可自由改变立场，走动到另外一侧；先前未确定立场的也可在此时做出选择。

（4）请未确定立场的同学发言，说出自己的疑惑。

2. 人形矩阵的操作要领

（1）在选择立场前应给予一定的时间做准备。

（2）可随时改变自己的立场，但每人只能改变一次。

（3）教师应提示：慎重考虑自己的立场。

（4）未确定立场的学生最后说出自己的疑惑；如最终全部都选定了立场，则挑选中途改变立场的学生发言，阐述转变立场的原因。

3. 人形矩阵的适用范围

（1）适用于价值观层面的讨论。

（2）适用于在深入思考之前激发思考、激活思维。

第三十四式：世界咖啡

1. 世界咖啡的操作步骤

（1）将学生分成4—6人组，让大家围着铺满宣传纸的桌子坐下。

（2）每张桌子选定一个谈话主持人；由主持人负责告知讨论主题。

（3）每张桌子的成员以主持人为中心展开自由讨论，并在桌子的纸上记录下印象深刻的关键词。

（4）当讨论进行到一定时候，每张桌子除主持人以外的其他人都转移到另一张桌子上。

（5）转移的人和留下来的人，各自介绍自己刚才所在桌子所讨论的话题后，同先前一样继续讨论，并继续在纸上记录下关键词。

（6）所有人回到原位，相互介绍自己在移动过程中的谈话内容，然后继续讨论。

（7）汇总时，由主持人从桌子上留下的纸张中找出共同观点，并分门别类地贴在墙上，让全体小组进行评估和总结。

2. 世界咖啡的操作要领

（1）每位学员可选择不同颜色的笔写下关键词。

（2）主持人应承担维护秩序的任务。

3. 世界咖啡的适用范围

（1）适用于联想和想象性学习。

（2）适用于富有创造性的学习活动。

第三十五式：德尔菲法

德尔菲法又名专家意见法或专家函询调查法，该方法主要是由调查者拟定调查表，按照既定程序，以函件的方式分别向专家组成员进行征询；而专家组成员又以匿名的方式（函件）提交意见。经过几次反复征询和反馈，专家组成员的意见逐步趋于集中，最后获得具有很高准确率的集体判断结果。

1. 德尔菲法的操作步骤

（1）开放式的首轮调研。提出预测问题，请专家围绕预测问题提出预测事件；组织者汇总整理专家调查表，归并同类事件，排除次要事件，用准确术语制作一个预测事件一览表，并作为第二步的调查表发给专家。

（2）评价式的第二轮调研。专家对第二步调查表所列的每个事件作出评价；组织者统计处理第二步专家意见，整理出第三张调查表。

（3）重审式的第三轮调研。发放第三张调查表，请专家重审争论；

组织者回收专家们的新评论和新争论，总结专家观点，形成第四张调查表。其重点在争论双方的意见。

（4）复核式的第四轮调研。发放第四张调查表，专家再次评价和权衡，作出新的预测；回收第四张调查表，归纳总结各种意见的理由以及争论点。

2. 德尔菲法的操作要领

（1）并不是所有被预测的事件都要经过以上四步，有的事件可能在第二步就达到了统一，而不必在第三步中出现；有的事件可能在第四步结束后，专家的预测也不一定都能达到统一。

（2）问题要集中和明确，要有针对性。

（3）如果是一系列问题，则要按等级排队，先简单后复杂，先综合后局部，这样易引起专家回答问题的兴趣。

（4）组织者的意见不应强加于调查意见之中，要防止出现诱导现象，避免专家意见向组织者靠拢，以至得出专家迎合组织者观点的预测结果。

合作学习策略和方法的适用范围

策略和方法	认知水平						知识类型				合作类型		问题类型	
	记忆	理解	应用	分析	综合	创造	事实性	概念性	程序性	元认知	互助	协同	封闭	开放
1. 三步采访法				✓	✓	✓	✓	✓	✓			✓		✓
2. 叽叽喳喳法				✓	✓	✓						✓		✓
3. 切块拼接法	✓	✓					✓	✓			✓	✓		
4. 接力法				✓	✓	✓	✓					✓		✓
5. 坐庄法				✓	✓	✓						✓		✓
6. 四角站立法					✓	✓		✓		✓		✓		✓
7. MURDER	✓	✓					✓	✓			✓			✓
8. 组际评价法			✓	✓				✓	✓			✓		✓
9. 记记法	✓										✓		✓	
10. 内外圈					✓	✓	✓	✓						✓
11. 站立—分享法		✓						✓	✓			✓		✓

（续表）

策略和方法	认知水平						知识类型				合作类型		问题类型	
	记忆	理解	应用	分析	综合	创造	事实性	概念性	程序性	元认知	互助	协同	封闭	开放
12. 对折评价线				✓	✓					✓		✓		✓
13. 围圈传				✓		✓		✓				✓		✓
14. 组际批阅法	✓	✓	✓				✓	✓			✓		✓	
15. 练练法	✓			✓										
16. 人形矩阵				✓	✓				✓			✓		✓
17. 合作辩论法					✓	✓		✓				✓		✓
18. 联想链					✓			✓				✓		✓
19. 发言卡	✓	✓	✓	✓	✓	✓	✓	✓	✓	✓	✓	✓	✓	✓
20. 综合排序法					✓				✓			✓		✓
21. 一人走，三人留				✓	✓			✓			✓		✓	
22. 小组成绩分享法	✓	✓	✓				✓				✓		✓	
23. 小先生	✓	✓	✓				✓					✓	✓	
24. 复述通行证					✓			✓				✓		✓
25. 世界咖啡						✓								
26. 游戏竞赛法	✓	✓	✓				✓					✓		
27. 连环画展法		✓							✓			✓		✓
28. 非正式学习				✓	✓			✓				✓		✓
29. 实地漫步					✓			✓				✓		✓
30. 两人互查法	✓	✓	✓				✓	✓			✓		✓	
31. 小组调查法				✓	✓			✓				✓		✓
32. 意见一致游戏				✓			✓					✓	✓	
33. 情景表演		✓			✓		✓	✓				✓		✓
34. 合作思维导图	✓	✓			✓	✓						✓	✓	
35. 德尔菲法				✓	✓	✓		✓	✓			✓		✓

（作者系自由撰稿人、合作学习研究专家）

第二辑

读懂学生

教师必须提高读懂学生的能力。一直以来,专家更多地在强调认识儿童、读懂儿童的重要性,但如何才能读懂学生?读懂学生的方法到底有哪些?在这里,我们将呈现更多的方法、故事和案例,来解密认识学生的路径。

学情观察观什么

李玉贵

近日,我参加了在四川遂州外国语小学校举办的8小时"学习共同体课堂研究"教师研修活动。

研修是这样进行的——上午课程:4名教师为一组,解读文本、设计教学、准备教案;下午课程:由我给学生上课(约2—3课时),并在每个小组安排1—2名"学情观察教师"。观课后,学情观察教师向所有研修教师分享他所观察学生小组的学情,我以学情观察教师汇报的学情向度、实例、看法为基础,即时提点教师认识"何谓学习""何谓学生""何谓课堂"。

"以教师为学习共同体研究课堂"的教师培训模式,是我近5年来6次赴日观察学习并结合两岸教师多年培训经验,持续实践并深觉有效的教师研修模式。其中关于"学情观察",可初步梳理出"为何""如何"与"何谓"三个层层递进的思路,即为何在教师培训时组织教师观察学情,教师如何观察学情,进而理解何谓学情。

限于篇幅,本文主要聚焦"为何"如此组织教师培训的构想、理由与作用,至于如何观察、搜集与进一步研究学情,留待有机会再谈。

从学情观察出发

为什么教师研修必须研究学情——将观课目光放回学生身上。近年来，我持续坚持的"以教师为学习共同体研究课堂"的教师培训模式，主要以这样的方式研究学情：教师观课后，学情观察教师分享所搜集的学情，供所有研修教师讨论与探究。

设置学情观察教师主要有以下几个理由：一是学情的重要性已经获得教师们的重视，一般教师研修也常提及，却极少成为教师研修的主题。二是一般教师研修论及学情时，多是"坐而论道"强调其重要性，却极少实操体验。三是希望教育者更多地以学生为学习主体去评判好教师和好课堂。四是学情概念意蕴深厚，值得探究。

为什么不提供特定观察记录表——让教师感受课堂的复杂。每当我给学生上课时，都会向学校提出在学生小组安排学情观察教师的要求，而且全体教师共同观课后，学情观察教师需分享在学生小组所搜集的学情。担任学情观察的教师，总会焦虑地询问：有没有特定的观察表或记录格式？否则，我们怎么知道观察什么、记录什么、分享什么？

我虽然学习过"课堂观察"课程，担任教学辅导教师期间也接受过"观课前会谈""课堂观察""观课后反馈会议"等训练，但是，我自己培训教师的初始课程还是决定不提供观察表，主要有以下三个理由：第一，只要我提供任何一种观察表，教师就会将注意力放在被指定的焦点行为、师生语言、特定问答等观察重点上，即指定教师特定的观察焦点，从而导致无助于简化课堂，无助于认识课堂全貌。第二，观课分享并非完成别人的要求，何况平时在课堂上也不会有人告诉我们该看什么、怎样看。第三，期待教师在培训结束后，能充分体验到课堂信息庞杂、瞬息万变的特质。

有人杏坛一待，数十年如一日；有人教龄数十年，却不进反退。最怕教师面对课堂"习"以为常。教师应警醒"自询"：课堂上自己的一双眼睛究竟要看什么？总之，与其由我要求教师观察这观察那，不如让教师亲身经历，在茫茫学情中泅泳，学会抽丝剥茧，自我寻绎如何认识与理解学情。

为什么教师对于观察与分享学情会焦虑紧张——教师在课堂上的艰难处境。要求教师进小组观察、记录并报告学情，而每天身处课堂的教师为何会紧张焦虑？这是非常值得思考的问题。这是否表明，虽然教师经常宣称自己是一线教师，但是并没有真正接地气？

其实，作为教师的我们虽然置身课堂，却有着宿命般的无奈。因为，在课堂上我们必须忙着教学，有时甚至有命悬一线、气数用尽的衰竭感，哪里还有力气兼顾一个个小组的学情，甚至关注小组里一个个学生的思路与表达？

如今，我任教满30年退休，仍切身感受得到教师身处课堂的困顿与艰难：明明整日身处学情，却又不易得知学情。

我常想，为什么教师随着教龄增长，却不一定更专业？我们每天身处课堂，与学生浸润于课堂，理应比专家学者更加了解学情。可惜，实则不然。这表明，我们可能长期缺少对课堂学情的关注意识与认识策略。

理解学情，专业突围

教师在课堂上本已是很忙碌的教学者，若要兼顾敏锐的学情观察，实在是一种挑战。但也正因如此，更彰显出在教师培训时融入学情研究的价值与作用。

首先，教师在课堂上需要有理解学情的意识感，这是教学迈向专业的第一步。其次，哪怕现实课堂很难同步兼顾教学实施与敏觉学情，也要突破限制，积极突围，方能迈向专业。

如果教师在研修后，对把握学情有了专业意识感，又能习得体察学情的策略，拥有研究学情的能力，那么回到自己的课堂便能逐步实现教学即研究、教师即研究者的专业境界。

关于如何观察学情、认识学情，我共梳理出 12 条思路，也就是我所认为的理解学情的途径，其依据主要来自三个方面：一是我个人的教学经验与专业阅读；二是这 5 年，每次为期一周，前后 6 次到日本进行"学习共同体"考察学习，跟着佐藤学、秋田喜代美等教授看课，课后聆听教授们的观课分析，整理归纳佐藤学教授所倡议的"学习共同体"课堂的重要元素；三是我这几年尤其是 2015 年 9 月开学至今，整个学年都在大陆，有比较多的机会进入学校认识大陆小学教育的实况，发现了大陆一些学校长期以来在课堂学情观察方面存在的问题，想借此机会提出来与大陆同行分享交流，相互提醒共勉。

综合上述三个依据，同时参照我在实践与专业阅读、借鉴学习共同体的优质课堂，梳理出如何在课堂探究学情的 12 条思路，分别是：是相互聆听还是各自发表的课堂？是对话交流还是回答问题的课堂？是学生练习与试错还是快速回答正确答案的课堂？是互助共学还是孤立竞争的课堂？是没有一个人被忽略还是有人不被关注的安心课堂？是教师具备文化敏感性的课堂吗？是学生能彼此回应而非一直以教师为核心的课堂吗？是学生经历学习历程的课堂吗？是有探索和挑战的课堂吗？是使学生获得提升的课堂吗？是所学对学习者而言有意义关联的课堂吗？是有资源支持理解的课堂吗？

上述我所整理的 12 条探知学情的思路或途径，彼此相互关联、相互促成，而且这也是我用双脚踏出来的一条小径，欢迎同行尤其是一线教师与我一起研究课堂、探究学情。

课堂：是相互聆听还是各自发表

听，具有容易被忽略的特性；听，具有静态、安静、不外显、隐微的特质。听，看起来好像什么都不做，更不知别人是怎么做的，导致容易被缺乏专业意识的教师忽略。在课堂，重视听的教师，显然还不够多。

听，长期被忽视——从课标检视听的地位。我想，从来没有人会认为听不重要。但是，听却长期被忽略，长久以来是教学"失落的一角"。

从课标检视听这个语文学习向度：台湾新一轮12年课纲"听"与"说"合并置为一个向度；大陆2011年课标"听"内含在"口语交际"向度中。

从两岸课纲如何"安置"听可显示出：一是"听"与"说"（口语交际）是一家；二是"听"是为了说，"说"是听的指向与目的。

如果我们仅将听视为说的前置，便忽视了听本身在学习中扮演的角色。听不只为了说，听具备自成目的的重要任务，即听本身的学习价值与作用。

听，长期被忽视——从教师养成与在职培训检视。不幸的是，教师养成与在职培训正好印证了课标编制取向忽视了"听"。教师养成、在职培训主要强调：教师如何说、说什么、怎样说；如何引导学生发表，促成学生口语交际。

可见，有关听、聆听、积极聆听的教师培训并不多。

听的范式转移——从被动接受到积极主动建构意义。我们对听的认识，一向认为是比较被动地接收信息。在课堂上，我们常常可以听到教师说：尊重说话的人、不要插嘴、安静听、好好听、专心听、有礼貌地听。遗憾的是，听在课堂经常仅是顺便的提示。

听为什么被忽视？因为许多人对听认识不清。

我的公开课上完后，听课教师们常这样反馈：李老师多是在具体地教学生尊重别人、做人做事的道理。

据我了解，这是观课者根据学生的课堂表现而作出的评价。但是，身为教学者，我很清楚自己的教学目的并不是从教人做人做事的角度出发的（并非育人不重要，我认为育人、教学生做人、尊重人需要许多相关支撑）。

听为什么常被忽视？因为许多对听的意义理解不明。

听在形成内在语言、思维运作、认知处理的历程中，扮演着重要角色。课堂教学需要带领学生认识听的本质和听的学习作用；教学生听的时候，需要留意、把握、筛选、关联、组织相关信息；听的时候，大脑需要进行快速思考。

我相信教师们如果理解了听、认识了听，便不至于将聆听课堂误解为教学生做人做事的课堂。但是，尊重、做人的确是聆听课堂的自然产品。

对学生而言，听并不比说容易。

由于听的静态、内隐特质，对学生而言，听的能力更需要循序培养。否则，有些学生可能以为在听的时候，只要静静听、安静听、乖乖听即可。

从学生学习的角度来说，听的能力培养不比说容易，听和说都需要教导。可惜，教师在课堂花费大量时间指导说，引导学生练习说的时间比指导听的时间要多得多。

课堂上，教师必须向学生明示听与学习的关系。教师必须让学生在真实的学习情境中学习听；必须让有效聆听的方法与历程外显化，具体引导与教导学生积极聆听的方法。

对学生而言，需要知道在听的时候应该具体做什么。

我们让学生安静听、专心听、好好听、仔细听时，要教他们怎么听、听什么、听到什么程度。

学生必须知道在听的时候要做什么。让学生通过多样、真实、有意义的学习活动理解听的时候，除了耳，更要用上眼、心、脑、笔，以协助听。积极聆听是主动建构、积极处理心理认知的过程，运作处理历程复杂，听者积极、主动投入的同时，还需检索自身与所学所听相关的知识与经验，听的时候必须从众多听取的信息中听出轻重、把握要点、建立意义关联……身处纷繁庞杂的信息中，听者既要梳理信息又必须把握目标，秉持听的方向性。

听的时候，听者需要及时整合相关信息，运用所学作出回应，方能促进与提升思维能力。听是一种内功，是一连串外表看不出但内心必须积极主动建构的连续心理认知运作历程。

对教师而言，聆听学生的专业素养有待提升。

听是理解与认识学生的途径，听是理解学生认知与情意的窗口。因此，教师的听与说同样重要。学生的表达掀开了他们如何想、如何思考。所以，教师只有通过听而非说，方能理解学生的思路与想法。

(作者系台湾"师铎奖"教师、台北国语实验小学语文教师)

观察学生需走近些，再走近些

李 磊

作为教师，我们工作的对象是学生，可是你了解学生吗？你知道他们是怎么学习的吗？

一直以来，我总以为自己与学生很近，是能够尊重学生、理解学生、相信学生，是从学生需要出发的。平时听课，我们都是坐在教室后面，看教师的授课方式，看学生的表现；评课时，经常以发言人数、次数、发言水平作为依据，要求教师教学的起点和终点都要服务于学生，更会指导教师设计各种活动促使学生学得更透彻、更容易，并为此沾沾自喜。但是，当我真正坐在学生身边，观察他们如何学习时，才深切感受到自己是多么自以为是、高高在上。

学生的困难在哪里？学生需要在哪里提升？个别学生发言时的侃侃而谈，可能掩盖了其他学生的困惑；仓促而积极的举手，也并不全是对问题有了深入思考后的结果。

佐藤学所倡导的"学习共同体"，让我坐在学生身边当起了观察员，从而使我与学生的距离更近了。参与学生的学习过程，深度认识学生的学习。我的角色变了，不是听课、评课的校长，而是一名观察者，一名努力感受学生学习的参与者。这是怎样的观察呢？是靠近的、贴身的，听一听孩子们说了什么，看一看他们做了什么，他们的表情和眼神又传

达了什么。这时,你会发现自己从没有见过的景象:

走近学生,感知学生的学习困难。在一节内容为"圆的面积如何推导计算"的数学课上,我观察的这一小组,一个女孩不理解某个面积公式是怎么推导出来的。在小组协作学习时,同伴也没能给她说明白,从行为上看,她也在点头,但眼神却充满疑惑。其他小组成员都轮流发表着自己的研究发现,有说从梯形进行推导,有说从三角形进行推导……课堂"顺畅"进行着。当时我暗暗想,这可怎么办,这个女孩真是可怜,她连最基本的图形推导还不清楚呢,这节课对她来说是多么痛苦。

不过,授课教师说其他学生可以亲自问问展示的同学,跟着他们摆一摆,拼一拼。没想到,这真是一部分学生所需要的,有好几个学生上去问了。看到那个女孩回来时脸上的兴奋与激动,我知道她的问题已经解决了。如果我不在孩子身边,就发现不了孩子在学习中遇到了怎样的困难。试想,如果没有教师适时的"反刍",这个女孩至多就是记住了面积公式,但只知其然而不知其所以然。看来,学习困难的学生是多么需要帮助和点拨,我们要给学生时间和空间,让他们有切实的提升机会。

走近学生,相信学生强大的自主学习探究能力。在学习共同体的课堂上,我们会给学生较长的时间来自主学习、讨论对话。这时候的课堂看上去没什么特殊,但却可能孕育着新的思想和发现。一节四年级的数学课,学习内容为"方阵问题",作为观察员的我惊喜地看到了这样的场景:先是同桌两个学生都认真独立完成了学习单上的三个题目,题目都是方阵问题,即每个角上的物品都是横排与竖排的一个点,列式计算就是 $10 \times 4 - 4$。男生是先列式,女生是先画图。但是,学习单上有一个具有挑战性的问题:要从以上的练习中归纳出自己的新发现。女生写了之后又擦了,男生也修改了自己的表述。我能看出,两个学生似乎都对自己的答案不满意,但他们没有急于交流,而是经过再思考后才开始讨论。他们逐题进行了交流,之后又对自己的发现进行了修改,最终都非常清楚地找到了这类问题的关键点。坐在旁边的我，有欣喜，更有感慨，因为他们不断提升的思维力量冲击着我，他们协作学习的沟通力量敲击着我。我从心底佩服他们。

静待花开——只要教师肯给时间、肯给空间，等一等孩子们，让他们充分与学习内容对话，与自己对话，与同伴对话，教师不去包办，不去替代，甚至不去引导（有的引导可能是干扰），孩子们的学习就会实实在在地发生。北京师范大学资深教授顾明远说："在传统教育里，我们总是低估学生的能力，实际上学生的潜力是很大的。我们未来的教育应该有这样的转变——让学生自己学，自己探索，自己提出问题，自己解决问题，这样才能有创新的世界，才能培养他们创新的能力。"是的，在学习共同体的课堂，如果我们给学生自己学习、探索、对话的充足时间和空间，他们是完全能够学会、学好的。

以观察员的身份进入课堂，让我学会站在学生的角度与他们一起思考交流，直面解决问题带来的挑战，享受学习实际获得的快乐；让我思考，作为教师该给孩子带来怎样的教育？课堂是谁的主阵地？教师的作用到底是什么？学生的学习真正发生了吗？让我认识到学校管理工作该给教师提供怎样的帮助。我想继续带着教师们做观察员，他们应该会和我一样有触动，最终发生观念上的变化。

（作者单位系北京市丰台区第五小学教育集团）

如何真正读懂学生

任景业

不当的教会阻碍学生思维的发展

教师的教育行为,并不一定会促进学生的良性发展,有时反而会阻碍学生的思维创造。作为教师,要有这样的意识:不同的学生需要不同的介入指导,对一些学生来说,有些介入指导可能是无效的,不当的介入指导可能会阻碍学生的发展。

站在学生的角度,我们会发现教师的许多做法值得反思。比如:

● 非主要知识的强化误导

判断题:下面的图形是不是角?

命题者的用意很明显,这个图形并不是角。角的定义是从一点出发的两条射线组成的图形,而组成这个图形的两"边"是线段而不是射线,所以不符合角的定义。

角的大小与张口有关,与边的长短无关。也就是说,边可以长一些,也可以短一些,一长一短也可以,只要它的张口不变,这些角便是相等的。只要是角,边非射线莫属。线段是有一定长度的,而用直线组成的角不唯一。

这样一看，上面的判断题是在不该强调的地方做了强调，把学生的注意力吸引到了数学概念非本质的地方去了。

●非当下知识的超前灌输

回农村老家时正值麦收，6岁的侄子坐在车内，看到麦田里忙碌的收割机异常兴奋。

妻子指着田头的麦垛，告诉侄子："那是麦秸垛。"我说："他不懂麦秸这个词。"几乎同时，侄子问道："什么是麦秸呀？"

妻子于是讲麦穗、麦秆……我说他更不懂了。我们便停下车，带侄子到田头拔了一株完整的小麦。

在孩子没有小麦相关概念的前提下，给孩子说他不能理解的词，就是超前灌输。

超前，并不一定是指超过学年、学段。只要超过学生的理解范围都会引发学生的"问题"，当然，这里的"问题"并不一定是坏事。对问题的思考会让人的认识更进一步，就如上述案例中侄子对麦子的认识。如果疑问得不到及时解决，将会成为他接受新知识过程中的一个心结。

●非统一算则的泛化

在涉及小数的竖式运算中，我们常常见到学生将数位对齐的写法。我想，其中一个原因是，教师在教学中一再强化"相同数位对齐"，而忽视了这句话的真正含义是"相同单位相加减"。

某专家在一次培训中，也在强调"相同数位对齐"。当"相同数位对齐"一次次强化后，"相同单位相加减"却淡出了学生的视野。学生为什么会这样想？为什么会出现这样的错误？我想，与教师的教学不无干系。

●非自然思路的强引硬扭

师：（板书16、24）看到这两个数字，你想到了什么？

生1：它们都是整数。

生2：它们都是2的倍数。

生3：它们都是偶数。

生4：它们的差是8，它们的和是40。

……

师：其实，老师是想让大家写出这两个数的因数。

你能想到教师是想问"两个数的因数"吗？由这两个数，你怎么能猜到教师心中的所思所想？没办法，学生"乱猜"一阵后，教师还得自己亮出"底牌"，强引硬扭把学生的思路拉回来。

● 非正常问题的编造干扰

一线教师有许多教学困惑，其中大多数是不应该被过度关注的。

比如问，最小的一位数是1还是0？其实，这类的问题不宜被过多讨论，这样的问题也没有太大的价值。

第一，大小是比较而言的，需要有一个参照的标准，需要有一个范围。有专家曾说，如果在整数范围内，最小的一位数应该是－9，而不是1，更不是0。

第二，要解决这个问题需要定义什么是"位"。小学教材是没有这个定义的。在字典里，"位"是指一个数中每个数码所占的位置，这个定义似乎很好理解，但这句话的"数码"包不包括0，每个人的理解是不一样的。理解都不一样，答案自然就不确定了。

第三，这样的问题既然不是数学的重要概念，那么建议尽量不要过度讨论。

但若迫于现实，考试可能会考、学生可能会问，那怎么办？

既然如此，我的建议是，如果你是教师，建议向上级部门、命题人员咨询，问清楚这样的题目会不会涉及？价值在哪里？如果你是教研员，可以给教师们一个考试说明，指明这类问题会不会出现在试卷中，给师生吃一颗定心丸。

读懂学生要触及学生情感深处

读懂学生，不可忽视教育在学生思维发展方面的作用，当然，也不能忽略教育对学生情感方面的影响。

有一年，我接手一个新班，准备找表现比较好的两个学生聊一聊，想表扬一下他们。

没想到，他们来到我面前，两人并排站立，两手松垂，低头无语，偶尔抬头瞟我一眼，像捅了天大的娄子一样等我处理。这样的情形让我很诧异。

那一幕，在我心里久久难以抹去。多年后，毕业参加工作的他们来看望我，谈起那时的情景，都非常感慨。

后来，我观察过许多学生的眼神，当他们把自己的想法表达出来后，望向教师时往往是一副怯生生的表情。他们要在教师的脸上猜测自己在教师心里的位置。

教育无小事，教师的每一个眼神、表情的每一丝微妙变化，都逃不过孩子们的眼睛。学校教育、校园生活让他们过早地学会了察言观色。

写到这里，我想到一句话："分数写在纸上，情感写在脸上，爱恨刻在心上。教育能给孩子什么？"

当我们不理解孩子，或者曲解了他们的意思时，孩子们可能想通过各种方式努力解释，但往往因为处于弱势地位而以失败告终。久而久之，孩子们的内心将烙上难以修复的伤痕。

所以，教师要懂得站在学生的立场思考问题，理解他们，包容他们，让他们感受到教师是值得信任和倾诉的。

读懂学生的四种方法

在与孩子相处的岁月里，教师逐渐加深了对孩子的了解，了解了不少别人不知道的情况，这说明我们每个人都有读懂孩子的方法和能力。下面，我介绍几种读懂学生的方法。

第一，思维框架校验法。

解决问题是一种思维的活动，其轨迹可以看成是一个思维框架。用一个思维框架与另一个思维框架相比较，分析产生差异的原因。

我们一般可以考虑下面三个框架：个人的框架、科学的框架、学生的框架。校验思维框架可以做以下三项工作：

1. 整体上是否完备：与"怎样解题"相比，学生的思维缺了哪一环节？

2. 细节上是否吻合：与教师解决这个具体问题的思路相比，学生的思维在哪个细节出了问题？

3. 所用工具是否一致：所用概念、方法、知识等是否一致？

第二，作品分析法。

学生在学习过程中总会留下各种各样的文本痕迹，如草稿、作业、试卷等。学生的思考过程往往就隐含在这些痕迹中，我们可以通过这些资料读懂学生。

让情境复原，让思维还原，尊重学生的真实想法。这里的"还原"有两层意思，一是弄清学生的思维过程是怎样的，二是学生的思维过程真正要表达什么意思。

比如，有一个真实的案例：学生在计算 $459 \times (76-50)$ 时，从第二步开始就把 459 看成 45 了，于是结果自然就错了。

对于计算题，我们常常要求学生进行验算，以保证计算的正确性。

但我想，那个学生一定也是经过验算的，只是验算时没再看一遍题目，而是直接从第二步开始验算，结果自然与第一次相同。

其实，我们不缺乏宽泛地对"结果"（如前面说的"验算"）的一再强调，而是缺少对"过程"（如怎样验算）的精细分解和把握。

在课堂上，我们往往把"思维过程"作为验证某个结果是否正确的工具。而在结果被认可的情况下，过程自然就被放在了无人注意的墙角。

第三，访谈法。

在教图案设计时，我的班上竟然有两个学生设计了同样的图形。

其中一个学生将图形命名为"其实我不想走"，另一个学生给出的名字是"穿梭寻食的小金鱼"。

显然，后者并不难理解，是从形状给出的名字。而前者"其实我不想走"就有些让人摸不着头脑了。

我找这个学生聊了聊。他说："这是三只小老鼠。上面一只小老鼠经常在教室里打闹，影响到了其他同学，所以被下面两只小老鼠架着抬出了教室。上面淘气的小老鼠后悔了，说：'其实我不想走'。"

没有学生的介绍，仅凭图案和名字，我们显然并不知道背后竟然有这么生动的故事。当然，从这个学生的叙述中，我们也许可以听出，班级纪律和秩序需要重点关注一下了。

第四，搁置与还原法。

读懂学生，"读"的过程渗透着个人的理解和创造，也可能会产生对他人的误解。这给读"懂"提出了挑战。因此，"读"的时候就要特别注意尊重事实，不能想当然凭经验判断。

经验有时是个智者，会让你变得聪明，能预知下一步的结果，帮你作出选择，显示你未卜先知的神力；有时像个顽皮的孩子，常常会遮起你的双眼与你嬉戏，摇动你的头颅，扭曲你正常的思路；有时又像一个倔强的老头，因为丰富的经验会使人习惯性地拒绝别人的不同观点，并常常武断地作出判断，或指责别人走错了路线。

这些都是阻碍我们接近真相的障眼法，要避免经验的错误倾向性，必须要学会搁置与还原。

搁置与放弃是还原真相、接近真理的前提，搁置与还原则是读懂学生的原则。

搁置与还原，表面看是在说方法，是搁置经验和情感，放弃感情与偏见，但我更愿意将其看成是心态上的、人的修养和胸怀方面的。

读懂学生的三个步骤

读懂学生，我认为教师有三个方面的工作要做：听清楚是什么，弄明白为什么，再分析怎么做。

第一步，要听清楚学生的话。这一步又有两个层次：一是听清楚学生说的话是什么，是怎样说的。二是弄明白学生表达的真正意思是什么，也就是听懂背后的意思。这一步可以用复述、解释、补充、概括的方式让学生确认，防止自己产生误解。完成这一步的一个重要原则是"搁置"，要搁置经验和情感，远离创造和偏见。

学生是有差异的，同样的问题产生的原因不一定相同，不同的问题产生的原因也可能相同。有的教师在上课时会问："谁听清楚这个同学的意思了？"让其他学生进行复述和解释，这是读懂学生很好的做法。但有时，课堂上会缺少让学生确认这个环节。

第二步，弄明白学生为什么这样说。这一步需要理解学生为什么会这样想，教师要掌握其中的原因，搞清楚学生的想法。

我教过一个学生，她知道三角形有3个角，七边形有7个角，就是不知道 n 边形有几个角。我在教学笔记中写道：这是我遇到的最难教的学生。现在我知道是我错了，用字母表示数字在数学史上才几百年的历史，人们跨越这一步却经历了上千年的探索，这一步不是单纯地用归纳的思维就能达到的。而当时，我并没有理解。

第三步，对学生的话作出充分判断和分析。课堂提问时有一种现象叫"对口径现象"，提问一个学生时，学生表达的内容与教师的想法不一致，教师就会说"对不起，请坐下"，然后再找一个学生回答，一直找到与自己口径一致的学生为止。为什么提问？学生的回答有哪些价值？课堂教学如何据此引导学生往前走？这些问题我们关注得很少。

研究学生的基本过程，可以概括为"观察与描述—解释与分析—应用与反思"。在具体的研究中，我们要认真观察学生的行为，并将其清晰真实地记录下来；对学生的不同想法，尝试从多种角度进行合理地解释与分析；最后，还要把研究的成果应用于教学实践，并反思和改进自己的教学。

我想，只有这样，才能真正读懂学生。

（作者单位系山东省茌平县杜郎口中学）

读懂学生的六条建议

王晓春

人生经验告诉我们,要了解任何一个人都不是容易的事。同床异梦者多多,上级不掌握下级心理,家长搞不懂孩子想法,教师被学生蒙在鼓里……我们都已司空见惯。我们甚至可以说,人与人互相不了解是常态,互相了解倒是比较少见的,正所谓"人心隔肚皮""知音难求"。说这些泼冷水的话有用吗?有用。因为我发现许多教师太过于自信了,他们总觉得"我的学生我最了解",然后就依据十分肤浅、片面甚至错误的主观印象采取行动,结果往往大触霉头。

"以为了解"比"不了解"更可怕

事实上,在教师的工作中,"自以为了解学生"比"自以为不了解学生"更可怕,不了解可以去了解,自以为了解则封闭了探求之路。所以我想,面对学生,我们若坦然承认"我不敢说了解你们",或经常把自己的主观印象先行"清空",这种教师专业能力提高的空间反而更大些。我与学生打了一辈子交道,参加学生聚会时常常惊奇地发现,许多学生后来的发展与我当年对他的印象相差甚远,于是我不得不承认,我对他们的了解真的很有限。这不是谦虚,而是实事求是。

虽然如此，我们还是要尽力了解学生，因为他们是我们的工作对象。了解学生是教师的天职，是做好工作的前提和基础。教师了解学生，有两个出发点：一个是出于工作需要，尤其是发现了学生有问题，要解决之，就要了解学生。另一个不是直接源于工作需要，而是出于探索的欲望，或者说好奇心，遇到某些人或某些事，搞不明白就想深入学生心灵探其究竟。据我所知，有这种好奇心的教师比较少，大家忙于工作，似乎没有闲心和闲暇满足此种求知欲。但我希望这种教师多起来，"磨刀不误砍柴工"，热心探索学生心灵的教师，从长远看，专业能力一定会更强，工作会更轻松，生活会更幸福。因为了解他人是一个人的基本功，而只有不局限于眼前的工作，才能真正学会了解他人。了解学生，只是了解他人的一个方面。

教师在什么情况下最容易产生了解学生的需要呢？一般是两种情况：一种是学生屡教不改，教师很困惑，想搞清楚这个学生怎么回事。还有一种是学生言行出乎教师意料，教师很震惊，想知道究竟。

这个男生究竟出了什么问题

在一所寄宿制私立初中，有一个男生只要一上几何课就睡觉，教师多次找他谈心也不起作用，他说几何就是学不会，再怎么努力也没用。这个男孩的父母离异，各自组建了新家庭，他现在随外公外婆生活，偶尔母亲回家看望。进入初二后，几何教师接任了这个班的班主任，这个男孩明显不接纳新班主任。教师安排班级事务时，他就故意在下面讲话。班主任多次尝试与他交流，但感觉他只是在面子上敷衍，很烦躁，过后还是照旧。一天刚上课，教师走进教室，他还在吃东西，教师把他叫到办公室，问他："为什么总与老师对着干？"他居然说："与你没什么好说的。"之后，班级的常规活动他就不参加了。班主任感觉自己很无能，

"孩子把我当空气"。

　　这种情况当然不能贸然采取什么措施，尤其不能轻易激化矛盾。班主任首先需要做的是搞清楚这个男孩到底在想什么。怎么了解呢？我认为，最好先去问问其他教师，这个学生对其他学科的学习表现是否也厌学，对其他学科教师是否也有对立情绪。如果他对其他学科教师的态度也是如此，那是一回事，若不是这样，那就要进一步了解。比如，他上语文课时态度比较积极，对教师态度也比较好，那就可以想办法侧面了解（直接问本人是不行的，因为已经产生对抗了，难以对话）其中原因。所谓侧面了解，可以通过其他教师，也可以通过他的好朋友进行了解。通过学生的朋友了解其心理是一种行之有效的办法，因为学生对教师可以关闭心灵门窗，对同伴是不会的。这个学生有可能除了不善于学习几何（这种学生不少，在思维方式上可能存在问题）之外，还有其他原因，比如班主任以前曾经得罪过他，他对教师有误解，等等。找到问题所在，把扣解开，事情或许就会有转机。如果这个学生并非对班主任一个人如此态度，对其他学科教师也这样，那他就是一个问题学生，就更不能对他轻易采取措施了，需要更详细的了解和诊断，然后才能对症下药。

　　问题学生有多种类型，要先大致估计一下该学生可能属于何种类型，然后再按一定的方向去调查。这与医生诊疗病人的思路一样。你去看病，说明病情之后，医生会让你去做某项检查，他一定是心里有个大致的方向，才能决定让你去做哪项检查、不做哪项检查。比如医生判断你不是糖尿病，他就不会让你去验血糖。可见，了解学生情况，应该是有针对性的，有假设的，有猜想的，不是盲目地乱问、乱打听。这方面，最能看出一个教师的专业水平。

　　要读懂学生，确实有一些常见套路和技巧，但是记住这些死知识并不能保证就能很好地读懂学生，因为要读懂学生，需要具体分析，没有标准答案。你想了解一个学生，前提是先假设他可能在哪方面存在什么问题，这种假设的能力没有人能教你，只能靠自己悟。这不仅需要知识，还需要经验和智慧。比如上述例子中的那个学生，按照我的经验，他不大可能对其他教师也这样，他可能是对这位后来成为班主任的几何教师有什么成见或者过节。找到问题所在，就有希望解决，所以我才主张先去问问其他教师，再问问他的好朋友。换一个学生，换一个问题，我的调查研究的入口和方向可能就另当别论了。

我发现，有些教师一遇到问题就找家长、问家长，他也没问问自己，为什么非从家长入手？他一调查，发现学生是单亲家庭，就以为找到了原因所在，其实他什么也没弄明白。为什么单亲家庭的子女就一定会犯这种错误？为什么有那么多单亲家庭的子女不犯这类错误？他无法解释。他这样调查之后还是束手无策，或者采取的措施仍然与没调查之前一样盲目。俗话说，调查就是解决问题，这话很对，但有个前提：你的调查应该是伴随思考的，有假设的，不是盲目的。没有思维含量的调查达不到读懂学生的目的，那种所谓调查得到的信息充其量只是一些印象和见闻，是信息的碎片，而不是分析问题解决问题的素材。

给教师的建议

究竟如何提高读懂学生的能力？我有一些建议供教师们参考。

第一，学会倾听。与学生打交道，无论是否遇到问题，教师都要尽可能地让学生多说，自己少说多想。你会发现许多师生在一起时，总是教师在说，学生在听，这就没有沟通，只剩下"谆谆教诲"了。结果是，教师站在明处，学生躲在暗处，学生把教师的招数弄个门儿清，教师对学生却两眼一抹黑，这是许多教师工作成效差的重要原因。教育者，要多用耳朵和头脑，少用嘴巴。听着不顺耳的话，也不一定要当场反驳，否则下次人家就不说了。

第二，通过学生了解学生。教师如果能经常深入到学生中，一碗水端平，认真倾听每个学生的话，就能了解许多学生。学生能瞒住教师，却瞒不住同学。我曾经说过，如果有学生意外离家出走，你去问他的好朋友，肯定知道他的去向。

第三，向同事中的高手学习。有些教师消息很灵通，学生的想法他能提前知道，或者一猜就准。这是因为他们能深入群众，或者有"内线"，或者悟性高，或者经验多、水平高。要想办法向这种高手学习如何读懂学生，学一招是一招，学一个案例增长一份经验，时间长了，积累多了，就有这个能力了。

第四，参加毕业生聚会。你看到今天的学生，要与你当年对他的印象做比较，如果发现差异很大，这是最宝贵的，说明你当年看错了他，或者没看清楚。如果发现他长大后的表现与你原来的印象比较一致，说明你没看错，这属于正面经验，也是好事情。

第五，上网讨论案例。网上案例有许多教师参与讨论，各有各的看法，能启发你学会多角度看学生，避免片面性和表面性，长期坚持，必有收获。

第六，学点心理学。有心理学理论的指导，了解学生就有一些思路，很有好处，不过千万要避免"贴标签"主义。这样的教师我见过一些，他们记住了许多心理学名词，遇到学生情况，能很熟练地给他们贴上"内向""外向""抑郁症""自闭症""多动症"等标签，于是就自以为把学生看明白了。贴完标签，如果你追问他怎么办，他还会照书上说的条条，开一个笼统的标准答案式药方，然后就以为得胜而归。结果可以想象，你照他说的办法做根本没有效果。这就是我们通常所说的教条主义者。学生是可以分类的，但这只是大致的区别，具体到某一个学生，情况千差万别，要搞清楚"这一个"学生的特点，不是那么容易的，需要你独立思考，且谁也无法替你思考，顶多帮你一下，给你一些启发而已。

书本知识所起的作用也是这样。本文的作用，也不例外。

总而言之，教师对学生的了解，用句时兴的话来说就是"永远在路上"。不管教师如何努力，也无法把所有学生看透，甚至无法把一个学生看透，能抓住其人的基本特点就不错了。但我们一定要朝这个方向不断努力，因为了解人，走进他人的心灵，不仅是教师的本职工作，而且也其乐无穷。

（作者单位系北京教科院基础教育研究所）

读眼术：认识学生的科学方法

项恩炜

怎样了解学生、认识学生呢？具体有什么办法吗？哪些办法是经过科学实证且行之有效的呢？通向答案的道路一定千千万万，但作为复杂处境中的个体之人，却也只得努力摸索着梳理出"一"条道来。在此，结合个人的阅读、培训与实践，试着分享一种个人认为行之有效的认识学生的方法。

眼睛揭示答案

在NLP（神经语言程序学）中，有这样一种被实践证明有效的理论：眼球转动的方向，与大脑思考的过程有对应关系。具体而言，眼球向上，大脑进入"视觉图像"处理状态；眼球居中，大脑进入"听觉声音"处理状态；眼球向下，则大脑进入"感觉、身体触觉、情绪、内言（即和内在的自己对话）"处理状态。眼球运动不仅可以按照上中下方位进行解读，还可以结合左右进一步解读。若按照"右利手"（生活中习惯使用右手）者的眼球运动标准，可以这样解读：眼球运动至左上方，为"回忆画面"，可以进入到再现曾经留意过的场景；眼球运动至右上方，则为"构造画面"，会主动或情不自禁地进行画面改造或创造；眼球运动至中间偏左,则是回忆曾经出现的声音;眼球运动至中间偏右,则是进入努力捕捉收听声音的状态;眼球运动至左下方,则是进入"自我确认"的状态;眼球运动至右下方,则是启动了对"感觉"的体验。

有谚语说:眼睛是心灵的窗户。意指日常经验中存在着透过对眼睛变化的观察,判断一个人脑海内部活动的迹象(在神经学发展的进程中,相当长的时间里,人们在认识上以"心"代"脑")。

中国古诗也有"床前明月光,疑是地上霜",然后"举头望明月",继而进入情绪体验"低头思故乡"。此处所谓低头思故乡,就明显地进入了"感觉、情绪"体验的"眼球往下"的状态。而或许"举头"望着明月之时,脑海中正浮想联翩,或回忆亲人的音容笑貌,或畅想来日聚会的欢乐场景,总之是进入到"图像"处理的状态。当然,也有"侧耳倾听""低头沉思"等说法,无意中为这一理论提供了鲜活的素材。

更为经典的是,我们用此来考察古人背书时"摇头晃脑"的样子会发现,在转头的过程中,眼球也随之运动,这样不仅容易激发大脑处理声音,而且还容易引发古人对诗歌画面的想象与情绪体验。从眼球运动触发大脑思维的角度看,"摇头晃脑"不失为一种有效的读书方法。

由此,也提醒我们,关注眼球运动的路径,可能会为我们在教育教学过程中认识学生提供一种别样的视角。

在教育中,借助此术,可以帮助我们更精确地判断学生状态、调整学生状态,甚至简单实现"说谎检测"。

个案诊断

男生小夏,数学成绩较差,经常不及格,但教师和家长评价他:人很聪明,脑子灵活。我请他来办公室教我做数学题,顺便观察他做题时的眼球运动轨迹。结果发现,整个过程,无论他自己做题还是给我讲解,还是在努力回忆并动笔默写公式的过程中,他的眼球竟然都没有在左侧停留,至少我没有观察到。这意味着,他的思维过程更多的是重新构造,缺少再现的精确。这让我大吃一惊。仔细检查他的数学题目并与之对话,发现他说到答题思路时滔滔不绝,而且方向正确;说到公式选择时振振有词,甚至还说出这个公式在书本左下角。如此看来,似乎什么问题都没有。然而,一旦请他进一步精确表述,就遇到了困难:他脑海中的公式是模糊的、不稳定的、抖动的,只是感觉存在,当进行精确计算时就经常弄错。他只是习惯了从这样的感觉获得自信:我会了!

为何他会习惯于感觉和构造呢?经过家访发现,父母对他的教育,一方面追求自由和开放,一方面对结果要求很高。孩子的童年生活,缺少来自父母的规则与尊重,几乎时时上演自圆其说的"编造"体验——用各种办法瞒、骗、哄父母。或许正是这样的体验,导致了他今天数学学习的规则模糊,造成了评价中聪明、考试时糟糕的状况。

在以上判断的基础上,学生和教师、父母共同约定了一个实验项目:父母在与孩子的对话方式中要增加精确性提问语言;学生做眼球操,默写数学公式,编制试题。在以后的过程中,父母无法坚持,几乎让这个尝试功亏一篑,孩子的表现也有反复。幸好 4 个月之后,在数学考试中成效有所体现,才得以坚持。最终,数学成为其高考优势学科。

怎样精确教学用语

我发现,教学成绩优秀的教师与教学成绩平平的教师,他们的课堂指令有较大差异,其中指令有无体现完成相应任务的思维过程,十分凸显。在读题之后,大部分学生是对要点确认环节自动处理,并没有觉察停留,而题目解答的关键,往往是从这一步开始的。有经验的教师会在此处停留:"看完题目,你觉得最重要的是哪个词?""哪几个信息被你发现了?"长此以往,学生审题时内心活动的标准也就建立起来了。如果每个环节坚持引导,并通过读看判断,也丰富了课堂学生学习反馈的判断依据,有利于教师对学情的把握。

其次,在教学设计中,教师可以根据目标指向,借助眼动理论,精确教学用语。比如,教学中经常需要学生进入一个情境。所谓进入情境,不外乎场景如在眼前,感受如同己出。前者,一般眼球向上,或构造环境,或回忆画面调动经验;后者,一般眼球向下,沉浸于情感之中。唯独眼球居中可能是个例外:除非这是一个由许多声响构成的情境,尤其需要听觉开发,否则眼球居中的状态,是很难进入情境体验的。

所以,教师在进行情境体验设计时,不妨对引导语稍作推敲,在"体验""想象"的指令发出前,增加一个帮助学生实现"如何体验想象"的暗示,比如"请大家抬起头""请大家眼球朝上,想象一下……""请大家闭上眼睛""请大家低下头"……

我们认为,落实到每节课,不同学科的不同任务都需要不同的思维过程,表现在眼球运动上,则呈现出不同的运动轨迹。虽然眼球运动轨迹是丰富的,但在思维的要害之处,大体是有共性的。

所以,教师要善于发现一节课学习任务所需的一般思维路径和眼球路径,除了在课堂上进行语言或其他设计的暗示驱动外,课前课后也可以借助类似眼保健操的活动,对学生进行相应的眼球训练,以帮助学生建立相关的"兴奋点"。事实上,由于生活体验不同,大部分人的眼球会更喜欢往几个方向走,而不乐意停留在某几个方向,此时,有意识的训练可以起到弥补思维路径盲点的作用。

(作者系"成为学习者"发起人)

认识儿童学习的秘密

夏雪梅

过去的 30 多年，神经科学、人类学、语言学、发展心理学、计算机科学等组成的学习科学领域，都在致力于儿童和青少年的学习研究，并积累了大量关于学生学习的资源。

当我们问，儿童的学习发生了吗？我们是在期待儿童的先天能力在环境中受到驱动，希望儿童成为主动加工者，而不是被动接收者。

到底怎样的环境可以激发孩子最大的潜能？学习科学领域的相关知识告诉我们，通过设计不同的教育情境，儿童的先天能力会获得不同程度的发展。

由纸笔引发的认知、由手指引发的数学认知和由手机游戏引发的认知过程是不一样的。我们认为的儿童"学业无能"的表现，不是儿童真正无能，而是我们没有真正理解他们学习能力赖以发展的"情境"。

有一位研究者发现，街头的孩童、小贩能够轻易地算出买卖中涉及的非常复杂的找零、凑整等算术任务，但把同样的内容放在数学课堂，以数学算式的方式呈现，这些孩子可能就算不出来了。

在我看来，这一研究更重要的是体现了两种不同情境对儿童心智的影响。

事实上，近期关于心智的大量研究表明，学校教育情境中的一些方式会对儿童的认识造成干扰。

一种是儿童会认为只有胜任学校孤立情境中的学习才是能力，而通过日常生活情境获得的能力是次要的。

一种是儿童会将运用抽象逻辑的学习能力看作是"智能"，而不会将运动、艺术、交朋友这些自己可能擅长的领域看作"智能"，这种对智能的理解会极大地削弱儿童的自信心。

幸运的是，现有的研究表明，在对儿童获取到的信息进行干预的情况下，他们极有可能改变上述错误认知，从而增强自己在学习上的自信和表现。

呵护儿童的天性，激发儿童的潜能，我们需要重新设计学校教育的情境，这样的情境旨在增强儿童对多元智能的体验，更多地引发儿童的成长性思维。

英国剑桥大学教授怀特曾主导过一个关于儿童学习的创新研究项目，并在一所幼儿园进行了尝试。

在这所幼儿园，所有的情境都是游戏，各种操作性的情境、角色扮演的情境都需要儿童亲自动手尝试。

令人惊异的是，怀特在跟踪研究中发现，当有教师参与指导时，儿童很容易放弃尝试，更重要的是他们会产生一种挫折感，这种累积的挫折感会影响他们后续学习的好奇心和坚持性等品质。

研究者进一步研究了教师何种程度的教学行为会影响儿童的探究行为。于是，他们设计了一个森林场景，里面隐藏着许多动物。同时，研究者给出了三种不同程度的指示语：第一种只是描述情境与问题，第二种是在第一种的基础上给出解决问题的示范，第三种是在前两者的基础上予以拓展，再提醒孩子其他的可能性。

教师们预测第一种情况下儿童的探索最少，第二种其次，第三种最多。但是，研究结果却超出了他们的判断。在第一种没有任何提示的情况下，儿童们找到了最多的动物，而在后两种情况下，儿童的表现都不如第一种。这种情况值得我们深思。

在我国幼儿园和小学低年级的课堂情境中，教师们使用较多的往往是后两种方式。这主要是由于教师对课堂效率的追求，以及不太放心儿童独立学习的能力，因此极少有教师在一开始就完全鼓励学生自由探索。

当我们回溯10多年来的课程改革历程，我们会发现，尽管课程改革强调关注每个学生的学习与发展，并提出了三维目标，但在整个体系中并没有涵盖儿童学习与发展心理学、认知科学等方面的全部内容，学习科学的最新研究还没有与课程改革有机融合。

在这些领域的跨界融合上，我们做得还远远不够，这有待管理部门、研究者和一线教师的共同努力。

（作者单位系上海市教育科学研究院）

一所小学的儿童观察日志

研究儿童是教师最大的课程。因为不研究儿童,就难以走进儿童的心灵世界,真教育就难以发生。那么,究竟如何研究儿童?河南省洛阳市西工区西下池小学为我们提供了典型案例。

之一:儿童是自己感觉的主人

让学生带着感觉写作文

□ 史会景

观察事件:

周四中午,孩子们在学校观察春天的校园。

进入教室后,有的孩子拿着被风吹落的玉兰花花瓣,有的拿着小小的海棠花,坐在位子上闭着眼睛闻花香;有的用手机拍下了校园中自己喜欢的花,与其他同学分享自己的照片。

上课了,我让孩子们整理、搜集关于春天、校园的词语,一些孩子把自己找到的词语写在黑板上,其他孩子有不一样的词语可作补充。同学们整理出来的词语有:生机勃勃、万物生长、落英缤纷、含苞待放、热闹非凡、花枝招展、春暖花开、香气扑鼻等。

我问道:"在这些词语中,你最喜欢哪个词语?"

有一个女孩说:"我最喜欢的是落英缤纷。今天中午一阵风吹来,我站在那棵树下,许多花瓣随风飘落在地上,时间很短,但我感觉自己在花的世界中。花飘落的时候,我就觉得是落英缤纷,非常美。"

我说:"落英缤纷的那一瞬间,你感觉到了。真好。你已经理解这个词语的意思了。对吗?"

这个女孩点点头。

孩子们通过自己的感觉,很快就理解了这些词语。

接着,我配着音乐朗读了一篇经典散文——朱自清的《春》。

有了一篇整体描写春天的文章,我又缩小范围,选了几段描写花儿盛开的文字,同样配上音乐,给孩子们朗读。教室里安静极了。

孩子们在美妙的轻音乐中开始了写作。

个人感悟:

这是本学期的第二次主题作文,孩子们及时、安静地进入了写作状态,他们没有疑问,各自在座位上安静地书写。

儿童认知的形成必须经由感觉带来的体验完成。经历与感觉对于孩子们是不可或缺的。应该让孩子们在现实生活中找到自己有感觉的事物,通过眼睛、鼻子、耳朵、嘴巴,不断观察、感受,形成自己内心的体验,进而上升到心理感受,形成自己的认知,这才是真正的学习。我们的主题作文教学,就应该让孩子们走进现实环境。孩子们有了自己的观察感受,才会乐于去表达自己。每个孩子的感觉都是不一样的,写出来的内容都是独特而真实的。唯有碰触他们的感觉,让他们在感觉中萌生表达的需求,真正的学习才会发生。

一堂完整的作文课,不应该只是在课堂上进行,需要走出教室,走进适合的环境,引导学生用自己的感官去感觉,然后发自内心地书写。

接下来，教师要认真批改孩子们的作文，再把每个孩子的作品展示出来。当我们始终尊重孩子的感觉，用信任和欣赏给予他们空间时，他们的作品、他们的成长，会带给我们更多的欣喜。

之二：儿童是自己情绪的主人

做忠实的倾听者

□ 张琪

观察事件：

课间时，我在练字。刘曼琪过来送作业本，我们俩有了下面的对话。

刘曼琪：老师，我怎么总是看到你在练字？

我：因为我需要练字。

刘曼琪：你看，你能坚持下来，我就不行。我爸每天都让我背许多单词，我背了两天就不背了。

我：是吗？

刘曼琪：关键是每天的事情太多了，我还要做作业，还要上辅导班，辅导班还有作业，我爸还给我额外布置作业。

我：每天都这么满啊？

刘曼琪：我昨天晚上写作业写到将近11点，今天早上5点又起来继续写才写完。

我：嗯，实在是太辛苦了。

刘曼琪：老师，你不知道，外面有许多特别优秀的人，他们的学习能力都超强！

我：是啊，你对这一点有什么感觉？

刘曼琪：我一开始压力很大，但后来我发现，自己慢慢追上他们了，有几次测试我都考了第一名!

我:真是太厉害了!

刘曼琪(不好意思):然后,我发现自己也挺厉害的。

我:是的,确实是这样。

刘曼琪:老师,其实我知道有许多天才,他们不怎么用功就能成绩很好。

我:是的,确实有那样的人。

刘曼琪:我希望自己也是天才,那样就不用每天这么辛苦了。可我又一想,那样的人毕竟是少数,再说那样的人生也挺没意思的。

我:你觉得你现在的生活有意思吗?

刘曼琪:总的来说还是挺有意思的,其实有时候你做题也会发现一些乐趣,比如……

我:老师发现你有一个特别好的优点,就是会自己寻找乐趣,这一点我很欣赏你。

刘曼琪(有点害羞地笑笑):其实我发现每次难受的时候说一说就没事了,所以我总来找你说。

我(微笑):随时欢迎。

刘曼琪(笑):我走了啊……

个人感悟:

在这件事中,我从头至尾只是倾听和陪伴。所有情绪梳理和整合都是由刘曼琪自己完成的,其实她并不需要我做些什么,我只是倾听和陪伴就好。最近一段时间,每隔几天我们就会发生这样的对话。

我发现,这个孩子的内心十分清明,面对因升学而带来的各方面压力,虽然她有些不舒服,甚至有时情绪会很不稳定,但她自己可以寻找到疏导情绪的方式,就是与别人聊一聊。并且这个孩子对自己的感受十分敏锐,一旦察觉到自己的承受力到达一定限度,就会想办法调节。这是一种自我保护的本能，使得她不被压力所控制。这份觉知力甚至是许多成年人所不及的。我看到学校里有许多孩子，他们觉察自己和调整自己的能力都非常强，他们让情绪和身体共同成长。

在爱和自由的环境里，儿童会自然地创造和完成这个过程，我们要做的只是和孩子一起生活，陪伴他们成长。

之三：儿童是自己认知的主人

发现孩子的认知

□ 袁婷婷

观察事件：

在学习第三单元生字词时，学生都在小组内讨论本单元的重点、难点，并在此基础上进行梳理，开始为展示做准备。当第三小组的学生杨春生到我这里说准备讲"液"字时，我第一感觉是：对于六年级的孩子，这个字似乎太简单了吧。但我话还没说出口，杨春生就敏锐地察觉到了我的感觉，他说："老师，我在写预习笔记时，对这个字就特别有感觉，很有兴趣讲这个字。你放心，这个字我一讲，同学们肯定印象深刻。"我看看他说："好的，我相信你。"

在接下来的几天里，我有意识地观察杨春生，发现他总是在水池边逗留，用手在水管下面不住地拨动，或者把手放在水盆里画圈，或者把水从容器里拨弄出来。一次吃早餐时，我又发现他还把自己碗里的粥在不同的容器里不停地倒来倒去。那一刻，我知道他真的对这个字有兴趣。我很期待他的分享，不禁暗自高兴。

展示那天，轮到杨春生讲生字时，我心里特别期待，并隐隐地觉得他会讲得很精彩。果然，他走上讲台时，手里拿了两个容器，一个是圆柱状的高杯子,一个是细长的高脚杯。接着他开始引入这个字:"同学们来看,水属于液体,能流动(他把水从一个容器倒进另一个容器),大家再来看,水不管在哪一个容器里,体积是不会变的,并且我们可以将体积计算出来。但是,水倒在圆柱状的杯子里呈圆柱状,倒在细长的杯子里呈细长形状,这说明水是没有固定形状的物质……"杨春生还分享了岩浆、铝块溶化后的铝水……我注意到,孩子们听得特别专注,我再一次将目光转向杨春生时,心里有一个感觉:这才是真正的学习。

个人感悟:

在不断观察杨春生的过程中,我深深地感受到了他对这个字有浓浓的兴趣,之后伴随着兴趣的深入,他不断地去体验、去探究,最终形成自己的"理论"体系。他被这个字长久吸引的过程,使他的内心产生了一种深入自己认知深处的体验,他不断地反复体验,最终整合内化到自己的内心深处。在这样的过程中,我很庆幸自己在刚开始时,没有否定他,并在观察他时,深深明白了兴趣对于孩子成长是多么重要。作为学生成长的软环境,教师必须保护孩子的兴趣。

之四:专注力观察案例

等待孩子修复专注力

□ 程瑞莉

观察事件:

今天我在教室看到了张洛洛。不知从什么时候起,他已经不在校园里游逛了。走到他的座位旁,我默默地观察他。他的桌面摆满了乐高积木,他专注地坐在自己的位置上,一块一块地拼装着,一会儿试试这块,一会儿试试那块,每次只要能把积木扣在一起,我就能看到他眼睛里发出的光。我默默地站在那里看了将近20分钟,他却没有发现我,教室里的嘈杂声也没有影响到他的"工作"。

上课了,我没有上前打断张洛洛专注的"工作"。直到下课,张洛洛离开了自己的座位,我才走过去试着与他交流。"张洛洛,这是你拼的吗?"我柔声地问道。他没有直接回答我的问题,而是兴奋地开始给我讲解:"这是飞机,你看我给它装的两个翅膀,这还有城堡,飞机可以停在上面……""嗯,是的,你拼得真棒!"我看着他的眼睛,真诚地夸奖道。听到我的夸奖,张洛洛更加兴奋了,不断地给我讲述他报名参加了乐高社团,他太喜欢这种积木了,可以这样拼,也可以那样拼。我微笑着站在他身边,用心聆听着他的分享,感觉好极了!

个人感悟:

张洛洛是一个比较独特的孩子,一直以来喜欢自己在校园里游逛。我知道,他的专注力被破坏了,只有耐心等待才能修复。在等待的过程中,心理教师一直不断给张洛洛做沙盘,每一个在校的教师都源源不断地给他自由和爱。在这个爱和自由的环境中,张洛洛的状态越来越好。

我们首先发现他对画画有着巨大的兴趣,并能长久投入进去,现在我又发现他对乐高积木也有如此大的兴趣,并因为这个兴趣长久投入其中,这具有极大的偶然性,而这个偶然性的发生,必定以这个爱和自由的环境为前提。当他开始被某个事物吸引,马上将这种注意力集中,并尽可能长时间地让这种注意力聚焦于某个事物,兴趣就开始了。有了兴趣,就会有长久的注意力,也就是专注力,教师一定要及时观察到这种专注力,并保护孩子不受打扰。对于张洛洛,我相信他一定会对越来越多的事物产生兴趣,而兴趣是成长的内驱力,所以只要他能跟着感觉走,跟着敏感走,跟着兴趣走,就是跟着自己的精神胚胎走,就能慢慢实现完整的成长。

之五：心理活动观察案例

与学生一起冥想

□ 孙海燕

观察事件：

周五上主题讨论课。本学期的主题讨论课之前我加了两个环节：冥想和赞美。在冥想环节，大部分孩子会随着我的引导语越来越平静，但我看到，当我让孩子们（包括我自己）在心中默默说出"对不起，请原谅，谢谢你，我爱你"时，王雨果流下了眼泪。我想，这应该是她与内在的自己连接上了吧。伴随着舒缓的音乐，每个孩子都显得十分平静。

接着，我与孩子们进入赞美环节。仍然伴随着舒缓的音乐，每个小组都在内部相互赞美同伴。我进行巡视时，刻意到王雨果身边停留了一下，我看到王雨果红着眼眶正给姜亦涵擦拭眼泪，并且有个很温暖的拥抱。我没出声，悄悄走开了。这个环节结束时，每个被欣赏的孩子站起来分享自己的感受。轮到姜亦涵时，她说："今天我被欣赏时，很开心，很感动，长这么大真正懂我的人很少，没想到以前和我经常吵架、闹别扭的人却是最懂我的人。"此刻，王雨果也流着泪、带着微笑看着姜亦涵，轻轻地拍了一下她的背。

看到这一幕，我被感动了，我能清晰地感受到她们彼此理解时的温暖。当我把目光扫向全班学生时，他们的眼睛都发着光，脸上泛着红晕。这样的活动，滋养着孩子们的心灵，他们的内心一定在慢慢改变。那种欣赏的、赞美的、接受的、理解的、真诚的爱，在班级里流动。

过了几天，在校园里遇到姜亦涵和王雨果，我说道："老师发现你俩现在关系很铁呀！"姜亦涵笑着说："老师，你知道吗？在咱们班，最了解我的就是你和王雨果。"我说:"太好了,有人懂你真好。"王雨果也笑着说:"四五年级时,我俩经常吵架,谁也看不惯谁,现在却都是最懂对方的人!"我说:"在一起那么久了,经历一些事情,就会慢慢遇到与自己最合拍的人了,这需要一些成长和经历。"王雨果说:"老师,我就觉得,不管与谁在一起,关系的表达方式有两种,一种是无话不谈的闺蜜型,还有一种就是天天在一起吵来吵去的争斗型,但无论是哪种类型,都是在增进彼此间的了解。"我很开心地说:"是的,老师看到了,在你们这个年龄,有一个很知心的朋友,真的很好!"两个女孩子洋溢着满脸的开心和幸福走开了。

个人感悟:

与孩子们一起冥想时,王雨果之所以流泪,一定是她被理解了、被接纳了,对于六年级的孩子来说,这是难能可贵的一种疗愈。接着,王雨果与姜亦涵之间的关系,让我看到了儿童心理的一种转化模式,从一种意识(吵架的关系)上升为心理(走进对方内心慢慢了解而被接纳),从而形成认知(关系背后的法则)。与他人产生关系,一个人才有可能走进他人的心灵世界,如同进入了另一个空间,明白了,再走出来,就是一个成长的过程。王雨果告诉我,无论两个人在关系中呈现的状态如何,其实内心都是渴望被理解、被爱的,彼此之间越来越理解、接纳对方,关系就越稳定。王雨果与姜亦涵彼此走进了对方的内心世界,她们通过相互理解的方式让彼此成为心灵上的伙伴。就这一点而言,我并没有孩子们做得好。

儿童是如此纯粹,有一个真实和安全的环境,他们就可以把一个内在的生命世界包容进来,并逐渐形成一个非常大的内在生命空间。经历这样一个漫长的过程之后,儿童会呈现那种自然而真实的喜悦和生命力,那种力量是向上的,是喷薄而出的。

这两个孩子内心都渴望爱,都有爱的能力。对于成人来说,就是要给孩子们一个爱和自由的环境,允许他们表达,让孩子们完成自我创造的过程。正如《完整的成长》一书作者孙瑞雪所说:人的成长都将从身体开始,经历情绪、感觉,上升到心理、认知、精神……这些将协助儿童自己创造出一个独一无二的自我。

(作者单位均系河南省洛阳市西工区西下池小学)

第三辑

读懂学习

课堂改革走进深水区,必然要推进深度学习,从而实现高质量的学习,由此,为学生提供更多的科学学习法,让学习变得更有趣、更简单、更高效已经被提上日程。这就需要构建一种基于课改背景下的"学习学"。

把学习责任还给学生

周 彬

我们总是抱怨今天的课堂与过去的课堂相比没有变化,总是抱怨今天的课堂让学生昏昏欲睡。但是,说起提高教学质量,我们的第一反应就是补课,希望多上课,通过"过量训练"来提高学生的成绩。可是,在我们满怀补课冲动的同时,又想方设法让教师在课堂上少讲点,希望教师把课堂还给学生。于是,因为补课,课堂变得更加繁重;因为需要教师退出课堂,课堂又变得更加浅薄。

课堂教学的出路究竟何在?

教师要承担教书育人的责任,要在学生学习知识的过程中,承担帮助学生解决知识难题的责任;要在学生成长过程中,承担帮助学生解决生活难题的责任。但需要注意的是,就教师而言,不管是对学生的知识学习还是人生成长,他们需要承担的只是帮助的责任。学习始终是学生自己的事情,成长也始终是学生自己的事情。教师帮助学生是可以的,而且帮助得越到位,教学价值就越大。但教师不可以替代学生的学习责任,当然更不可以剥夺学生的学习责任。

学习的责任是学生的,助学的责任是教师的。将两者放在一起,我们可以明白一个道理:学生学得越多,教师承担的助学责任也就越大;学生学得越深刻,对教师助学的要求也就越高。反之亦然,当学生学习得越少，教师承担的助学责任也就越小；学生学习得越浅，对教师助学的要求也就越低。

之所以把"反之亦然"再写一遍，是想强调这种情况的普遍性，更想强调这种情况的严重性。在传统观念中，我们一直以为学生只要会学习了，教师就不用再教了，这就是我们经常讲的"教是为了不教"。其实，当学生会学后，教师再去教学生，面临的挑战就大了很多。所以，让学生主动承担起学习责任的过程，也是教师主动承担起教学责任的过程；教师教会学生学习的过程，也是教师挑战自我教学能力的过程。

"把学习责任还给学生"，教师不仅要将这样的观念传递给学生，更重要的是将观念融入教学流程。

我们提倡"先学后教"，这种理念肯定是正确的，没有学自然就没有助学，但把这样的理念放在课堂，就变成了把宝贵的课堂教学时间还给学生，让学生自己学习，这样的"先学后教"既是对"不教""少教"和"教不好"的放纵，也是对学生课后不学的纵容。

先学后教的本意是先让学生在课前有充分的预习，即自学一遍。此外，学生课后往往只写作业，教师就在作业的选择和分层上做文章，这是对的，但课后真正重要的并不是急着做作业，而是对今天教师所教的内容再自学一遍，就是我们经常讲的复习。预习一遍主要是学习新知识，复习一遍主要是将所学知识融入自己的知识结构。

"把学习责任还给学生"，并不是一句空洞的口号，除了态度与意识之外，更重要的是将预习和复习的时间还给学生。有了学生的主动学，才可能有教师的主动教；学生学好了，教师才能教好了。

（作者单位系华东师范大学教师教育学院）

真实学习的发生

沈祖芸

　　培养教师的课程领导力和教学创造力，是未来课程改革的两大核心。教师只有从教学需要出发，从学生需要出发，从学校培养人的需要出发，才可能领导、开发课程，进而创造更好的课程；教师也只有教自己开发的课程，教学才可能更具创造性；教师只有将学生的学习放在中心，所有资源、手段、方式才会围绕"学"来研究，才可能重构师生关系、再造学习流程，才能更了解学生；也只有拥有这些资源的学校，才可能适应未来。

　　常常听教师问：什么是真实的学习？我曾看到做旅游攻略的学生，他们没有觉得做攻略也是一种学习，其实在这一过程中学习已经发生了。不难发现，这种学习没有开始，也没有结束，但学习就在那里自然而然地发生了。

　　真实的学习到底是怎样消失的呢？为什么孩子到了学校，进了课堂，真实的学习反而不再发生？以前，教师教学科知识，一个学科就是一个站点；后来知识成为站点，我们会发现，统一的内容、统一的进度、统一的评价标准，使得差异化学习难以发生。教师和学生都是奔着标准化目标而去，但对于学生而言，到底是获得知识重要，还是应用知识重要？当学校教育将二者割裂，学生在学校的任务是接受教育还是探究和发现世界？当我们剥夺了学生在学校的某些乐趣，教育的目标到底是奔着考试而去，还是在做一些看起来无用、其实让学生很快乐的事情？如果固守传统的教育方式，我们会发现，真实的学习就这样一点一点地消失了。

"真实的学习发生"有10个特征：第一，与真实世界连接，引发孩子的兴趣。第二，动力回归。学习应该是由学生驱动的，教师应更多承担引导和发现的任务。第三，在有限的单位教学时空内进行有意义的问题设计，以及开放式的任务化学习。第四，持续探究。连载式的学习任务可以保证学生持续探究，如此，学生真实的学习兴趣才有可能被激活。第五，有充分的资源和没有标准答案的多元视角。第六，有跨学科整合和无缝融入的评价，即真正的过程化评价。第七，通过合作互助实现，学生能在碰撞中发现更加深刻的自己。第八，产生反思迁移。教学任务的设计，在进阶之后要能够促进学生反思。第九，让学生的学习能够产品化、作品化，在分享过程中，学生能在别人的评价中给自己多一重自我认定的视角。第十，结果呈现多重化和多元化，没有标准答案。只要学生能够有科学依据地按照一定的标准进行解读，并且得出结果就可以了。

让学习真实地发生，实质上是我们正在进行的一场深刻的教学改革，这场改革的关键是什么？从前，我们希望课堂的大部分时间是教师在教知识、教技能，三维目标基本都聚焦于此；之后通过教师的讲授及设定统一的标准，所有学生都习得标准化的知识和技能。然而，在这样的过程中，我们能看见真实的学习吗？今天，已经有不少实践者正在改变，但他们又大多是从过程和方法切入——给学生们搭建学习的"脚手架"，同时在这一过程中伴之以情感传递、关系构建。

有教师说，情感在教学设计中最重要的作用，就在于不断流通着情感和建构着关系，而"脚手架"的搭建，能够给学生提供不同节奏、不同风格的进阶方式，进而形成不一样的知识和技能，培养属于学生自己的核心素养。也许这样做会让每一个学生对知识和技能的掌握、理解有差异,但只要我们"守住底线",保证学生自我的生长和发展,学生最终都能完成自我建构。在经历这样一个过程后,学生的个性化学习方式开始真正形成,而教师也将看到最真实的学习。所以,未来的学习便是如此——真实的学习一定是不再开始,而是永远正在发生。

(作者单位系上海教育杂志社)

告别灌输　看见思考

刘濯源

隐忧之患：思维僵化导致负效能

如果有人让我描述当下多数中小学生的学习方式，我会马上想到八个字："死记硬背，题海战术"。学生学习知识，记住知识本身并提高解题能力固然重要，但是，记住知识不等于要死记硬背，提高解题能力也不一定非要依赖题海战术。其实，从科学用脑这个层面来说，"死记硬背，题海战术"是"非友善用脑"，这种学习方式违背了有效学习原理，是负效能的苦学方式。

以"死记硬背"等方式获取的知识，往往具有四种典型特性：肤浅、孤立、模糊、无序。而具有以上四种特性的知识，既容易被遗忘又很难被调用，属于"惰性十足"的"死知识"。这些知识不仅难以被灵活地运用于生活实践中，即便是用于应试中也很难奏效——题目稍微有些难度，根基不牢（理解不深刻）的破绽便会显露出来。同样，靠"题海战术"积累的"题感"，往往是感性僵化的答题经验，当题型或出题情境变化较大时，学生所熟悉的"题感"便会对不上"频道"，或慌中出错，或不知所措。

然而，长期运用"死记硬背，题海战术"这种学习方式，还会使学生产生厌学情绪及思维弱化现象（思考意识及思考能力的双重退化）。一方面，"机械重复"让大脑产生倦怠，产生厌学情绪；另一方面，"机械重复"的语言、行为、想法又框定了大脑的思维，易形成思维定式。厌学情绪会降低学生的学习意愿，思维弱化会降低学生的知识建构能力及解决问题能力，使学生不会学。试问，对于一个既不爱学又不会学，但又不得不学的学生而言，学习效能会高吗？然而，对学业水平的负面影响还只是"眼前易见之失"，在一个知识与技术加速更新需要终身学习的时代，在少年之时就养成"不思考"或"浅思考"的习惯，才是"终生隐忧之患"！

突破之道：从"低阶"迈向"高阶"

为什么"死记硬背，题海战术"这种学习方式如此低效，却还能够在现实中大行其道呢？我认为，其一是因为大多数教学参与者（学生、教师、家长）的学习观仍旧没有转变，还在传统的习惯中打转；其二是大多数学生缺乏有效的学习策略支持。

"什么是学习""为什么而学习""如何有效学习"这三个基本问题，对于学习而言非常重要，因为它决定了教与学的方向。做一件事，如果方向错了，付出的努力越多，距离目标就越远。学习不等同于记忆，记忆也不等同于机械重复，如果传统的学习观念得不到纠正，那么要转变学习方式必然难上加难。因此，要把数量庞大的中小学生从"死记硬背，题海战术"中解放出来，转变所有教学参与者的学习观，便是至关重要的第一步。

如何转变？前提是要对"学习活动"的本质属性及发展规律有正确的认知，其中最重要的是理解要"低阶学习"与"高阶学习"这两个概念，以及二者之间的关系。1956年，美国教育家本杰明·布鲁姆在《教育目标分类：认知领域》中，按认知发展水平将学习活动划分为六个层次：识记、领会、应用、分析、综合和评价。学界一般会将前三个层次（识记、领会、应用）视为"低阶学习"，而将后三个层次（分析、综合、评价）视为"高阶学习"。但在具体教学实践中我们发现，在领会和应用层次也经常会发生复杂的、高度抽象的思维活动，所以我们应参考但不要照搬上述划分方法。我们划分"低阶学习"与"高阶学习"的依据是学生参与学习活动的心智属性：有高阶思维和高阶情感参与的学习活动属于高阶学习，反之则属于低阶学习。这里的"低阶"是指学习活动的基础、表层阶段，主要靠大脑的感知记忆功能来完成；这里的"高阶"是指学习活动的深化、发展阶段，需要运用大脑的高阶思维能力（概括、推理、分析、综合、评价等）及高阶情感能力（共情、悦纳、自省等）才能完成。完整的学习活动必然由"低阶学习"与"高阶学习"共同组成，离开"低阶学习"的"高阶学习"如空中楼阁。但在学习过程中，如果过度依赖"低阶学习"，"高阶学习"的能力发展就会受到严重阻碍。

当下，在基础教育阶段，"低阶学习依赖"问题长期存在：学生主要靠"记忆"来积累知识，通过"题海"来积累"答题经验"；表层化学习占据主导地位，高阶思维或高阶情感参与较少。"低阶学习依赖"对学生的思维发展及学习兴趣培养十分不利，按照学生的认知发展规律，从小学三四年级开始，教师必须有意识并且有策略地发展与培养学生的高阶学习能力。所谓"高阶学习能力"主要包括三个方面：高阶情感运作能力、高阶思维运作能力、高阶知识建构能力。其中，高阶情感运作能力主要包括悦纳、自省等自我觉察、自我管理的能力；高阶思维运作能力主要包括独立思考意识、探究能力、问题解决能力、有效表达能力、批判式思维运用、创造性思维运用等；高阶知识建构能力主要包括学科知识体系的建构能力、学科问题解决策略的生成能力。

高阶学习能力形成较难，但迁移性好，可超越情境依赖，一旦形成便能起到"一通百通"的效果;低阶学习能力形成较易,但迁移性差,较难超越情境依赖,基本是通一个算一个,而且只靠低阶学习能力根本无法胜任难度较大的学习任务。因此,从整体和长远的角度看,有计划并且有策略地发展学生的高阶学习能力,要比让学生"记住知识"和"积累题感"重要得多!

有力支点:思维可视化教学策略

如何使学生在学习过程中发展"高阶学习能力"?经过 15 年的研究与实践,我们已经为此找到了有力支点——思维可视化教学策略。所谓"思维可视化教学策略",是指以发展学生思维能力为教学着力点,以思维可视化为手段,将系统性思维训练与学科有效教学实践融为一体的教学策略。而所谓"思维可视化",是指以图示或图示组合的方式把原本不可见的思维结构、思考路径及方法呈现出来,使其清晰可见。由于大脑对"图"非常敏感,所以可视化后的思维更容易被理解和记忆。思维可视化,正是利用大脑的这一天性来实现思维信息传递及加工效能的提升。

从宏观上讲,思维可视化教学策略是没有具体边界的,因为它是一套开放的体系,一切有助于提升学习效能的理论、方式、方法及技术都可以融合进来。例如,被运用到思维可视化教学策略中的图示方法及技术已经有数十种,但经过长时间的教学实践,我们发现有三种思维可视化教学策略最为常用,也是最重要的。它们分别是学科思维导图、解题鱼骨刺图、学科策略模型图。

学科思维导图是"基于结构化思维系统的知识建构策略",主要功能是将零散的点状知识建构成系统的网状知识结构,并且在知识建构过程中使学生的逻辑思维能力得到系统性锻炼。图 1 是我绘制的一张初中数学(一元二次方程部分)学科思维导图。

图 2 利用鱼骨刺图解决问题，主要用来呈现和梳理复杂问题的思考程序。鱼骨刺图由三部分构成：中间"脊骨"为解题的关键节点，通过这些关键节点，可把一个抽象或复杂的大问题分解成若干简答而具体的小问题，使问题更容易解决。"脊骨"下方为策略分析过程，针对解题的关键节点进行层层追问，制定解题策略。"脊骨"上方为条件转化过程，根据策略指引，利用已知条件推导出未知条件。解题鱼骨刺图的应用，改变了传统教学解题策略不可见的弊端，让学生在解题过程中掌握清晰的思考程序，进而形成有效解题策略。

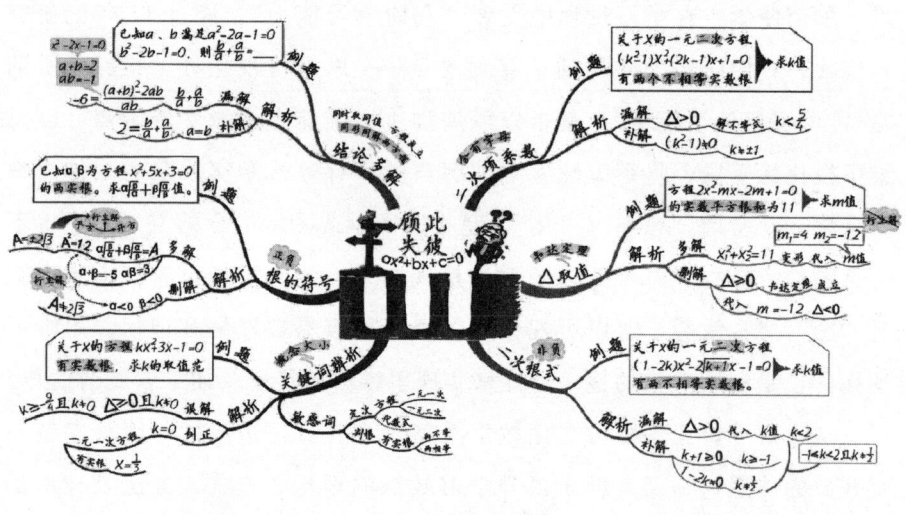

（图1）

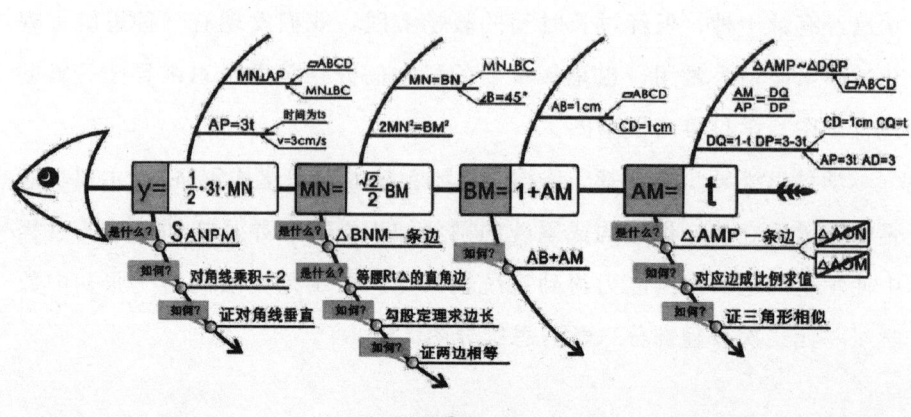

（图2）

近年来，思维导图、概念图等图示技术在教学中的运用日渐广泛，但大多收效甚微，这是为什么呢？主要有三个层面的原因：第一，图示技术运用的不规范、不科学；第二，图示使用者的思维能力不足；第三，没有将图示技术与学科教学实践进行深度整合。也就是说，如果想让图示技术发挥作用，必须同时具备三个层面的能力：第一，熟练掌握各种图示技术；第二，具有较强的思维能力（最好是经过系统专业的思维训练）；第三，对学科有深入、系统的理解，这是最关键的。在思维可视化教学体系中，图示技术是呈现方式，思维是内核，学科知识既是建构对象又是思维载体，三者缺一不可。

未来挑战：适应信息智能时代的学习

教育的发展总是与人类文明的脚步相伴相随。当下，诸多新教育技术（互联网＋教育、虚拟现实、人工智能等）纷至沓来，对传统教育的冲击一波猛于一波，信息智能文明时代的大幕正徐徐拉开。所谓"信息智能文明时代"，是指"互联网＋人工智能"将取代"机器化大生产"，成为主导产生方式的新文明时代。在这一时代，人类的学习目标、学习方式及学习组织形式都将发生重大转变。

那么，我们将如何适应这些转变？首先，我们必须要比较清晰地构建信息智能文明时代的学习图景：第一，教育的目标将从向学习者传授知识和技术转变为发展学习者的思维能力（以学习力及创造力为主）；第二，教学方式将从"教室＋教材＋教师"向"屏幕＋自主探究＋无边界合作学习"方向转变；第三，教学组织形式将从单一的权威组织（学校）向"权威组织＋自组织"形式转变。

依据以上描述，我们可以得出这样的结论：在信息智能文明时代，学习者必须具备更强的自主学习能力（尤其是高阶思维能力），张嘴等食、死记硬背、题海战术等陈旧的学习方式必将被淘汰，而作为支持学习者发展高阶学习能力的思维可视化教学策略将被普遍运用，并与虚拟现实、人工智能等技术相融合，创设高品质学习资源，为学习者提供高效能学习支持。信息智能文明时代离我们并不遥远，事实上人类的一只脚已经踏入这个时代的门槛，每一位教学参与者都应尽早为此做好准备：告别灌输，让学习看见思考的力量！

（作者单位系华东师范大学现代教育研究所）

学习的五个境界

任永生

第一个境界：捕捉和收集大量学习信息

学习者在学习过程中捕捉大量的信息，这是学习的基本前提，也是学习的初级阶段。知识一般都是以信息的方式出现的，你在同样的时间能够捕捉到更多的信息，或者说能够根据自己的学习目的收集到大量的有关信息，才能有条件系统地深化学习，没有对信息的占有就不可能有真正的学习。因此，收集和捕捉信息是学习的第一层次，或者说，学习是从掌握信息开始的。

第二个境界：筛选对自己有用的真实信息

在学习过程中，学习者会捕捉到大量的信息，但这些信息不一定都是自己需要的和对自己有用的，不同的学习者，因为基础和认知水平不同，对信息的需求也不同，所以在掌握大量信息的前提下，必须对信息进行甄别和筛选。对信息过滤与分辨的过程，就是选择有价值信息的过程。学生听课、听报告，或者研究一个问题，都要对大量信息进行去粗取精、去伪存真，占有对自己有意义的信息。

第三个境界：用信息建构自己的知识体系

信息本身没有实际价值，只有变成知识才有意义。学习者通过去粗取精、去伪存真获得对自己有价值的信息，之后用自己的逻辑方法和思维方式，把新信息放在自己已经形成的系统中，使其成为个人知识体系的一部分。如果掌握的新信息与已经形成的框架有冲突，学习者就要重新调整已有体系，这样就会对自己的框架有一个大的突破。

第四个境界：把知识内化为自己的智慧

法国哲学家帕斯卡说过："智慧胜于知识。"如果说知识回答的是"是什么"，智慧则回答的是"如何"和"为什么"。知识是授予"鱼"，智慧则是授予"渔"。牛顿见到苹果落到地面，便产生了"为什么苹果从树上落到地面？为什么它不斜着下落或飞到天上？"的疑问，于是开始了对万有引力的研究，这就是智慧。爱迪生说过："智慧的可靠标志就是能够在平凡中发现奇迹。"在飞速发展的网络时代，获取知识的途径多种多样，所以知识本身变得廉价了；而如何获取知识，如何进行创造性思维，则显得尤其重要。知识讲的是定律、原理、学说等，智慧则告诉我们原理、定律是如何发现的。

第五个境界：把智慧升华为世界观和方法论

知识内化成智慧，就是不仅要知其然，还要知其所以然。到这个阶段，还仅限于在本学科本领域之内。如果把这些智慧再进一步升华，就会上升到世界观和方法论的层面，即哲学层面。唯物主义告诉我们，世界是物质的，物质是运动的，运动是有规律的，我们要按照规律去认识世界和改造世界，如果能够把智慧上升到哲学的境界，就会对天、人、物、我有一个科学的认识，就会达到真善美和大道至简的境界。

学习就是利用信息进行自我构建的过程。因此，学习就是对信息进行捕捉、筛选、内化、构建、升华的过程，这个由低级到高级的过程中，就是构建自己的知识体系、能力体系和道德体系的过程。

（作者单位系辽宁省葫芦岛市二高中）

走向深度学习

林高明

　　课程改革从本质意义上讲是一种文化的变革，只有不断地回到学生立场，不断地抵达生命的成长原点，不断地彰显教育的本真，不断地发散课程魅力，课程改革才能称为深度课改。加拿大著名教育家迈克尔·富兰说："如果要完成一场深刻的、持久的变革，最重要的就是'重塑'学校文化，否则变革就会肤浅而难以持久。"简而言之，深度课改是实现从道到术、从思想到技术的全面而深刻的课程改革。美国课程理论专家多尔提出了后现代课程设计的"4R"标准，即 Rich（丰富性）、Recursive（回归性）、Relational（关联性）和 Rigorous（严密性）。深度课改之深表现在：课程的创生性、开放性、体验性、探究性、整合性等。

　　什么是深度学习？深度学习指一种全身心投入、经历思维探索过程、获得深度体验的生命化深刻学习。美国教育学家布鲁纳说："学习存在表层和深层两个过程，掌握知识经验的过程是学习的表层，而通过知识形成一定的思考方式、学习态度，增强解决问题的能力和自信才是学习的深层过程。真正的学习应包括获取知识、发展能力和形成态度。"深度学习的"深"表现在：学习态度一往情深，学习内容深得我心，学习方法深有体悟，学习过程静水流深，学习收获意味深长。深度学习不仅是学习知识，而且是学习知识背后的方法、思维方式、价值文化等，是指向能力及素养的学习。

深度课改在某种意义上是指向并促进学生的深度学习。而学生的深度学习也在某种程度上倒逼深度课改的推进。两者可谓相辅相成、相得益彰。

深度课改中，课程是很重要的一环，课程被视为学生的一种生命体验，应倡导"会话""体验""探究""多因素整合"。如同著名课程理论专家派纳所认为的，"课程是一种特别复杂的对话，课程不再是一个产品，更是一个过程。它已成为一个动词、一种行动、一种社会实践、一种个人意义及一个公众希望"。

而与之相应的深度学习也强调对话、体验、探究等品质，正如佐藤学认为的，"学习是与世界对话、与他人对话、与自己对话的过程"。同时，学习是从已知世界出发、探索未知世界的旅程，是超越既有的经验与能力、形成新的经验与能力的一种挑战。由此可以说，深度课改与深度学习之间是山鸣谷应的关系。

如何推进深度课改呢？深度课改中最为活跃、最为强大的力量是学生。学生改变，则能让课堂改变、教师改变、学校改变、课程改变、教育改变。学生学习方式的改变，一定程度上也促进了课程的改变。当学生倾向于深度学习，那么必然要求与之相适应的深度课程改革相应推行。于是，我们尝试从深度学习的角度出发，思考如何推进深度课改的纵深发展。

一是通过深度学习的过程性，强调深度课改的过程性。所谓的深度学习，首先意味着充分经历学习过程的学习。由此，我们要关注的焦点是课程改革是引导学生经历完整的学习历程，即学生的学习要由感性经验上升到理性认识，学生的学习要由不会上升到会。杜威的过程理论认为："经验首先是一种经历的过程，一种经受某种事情的过程……经验具有能动性和连续性，人类的思维也是一种过程，一种反思的过程。"

　　二是通过深度学习的批判性和创造性，强调深度课改的创生性与批判性。多尔认为，控制是课程中的魔鬼，现在是该解放课程的时候了。于是，他大力倡导课程与教学中"生成"的价值与意义，这就自然而然地引发了创造性课程建设及教学改革。

　　三是通过深度学习的挑战性，强调深度课改的"思维"与"问题"。从知识学习的角度看，恰如德国教育家赫尔巴特所言，教学不能总是让人在舒适的山谷中游荡，相反要让人练习登山、掠过草地与沼泽，并使人获得广阔的视野。任何没有思维含量、没有难度、无法引发学生学习兴趣的学习，都无法提升学习的品质，是不具有学习价值的。真正的学习与课程，意味着登山式的挑战与冲刺。

（作者单位系福建省莆田市教师进修学院）

批判性思维让兴趣更持久

李文浩

  为了让学生能够产生学习的兴趣，教师们可谓煞费苦心。课堂游戏、教师提问、学生表演、小组活动、教师鼓励和表扬等课堂技巧，或多或少都包含激发和提高学生学习兴趣的目的。但让教师们常常感到沮丧的是，在低年级行之有效的方法到高年级就不适用了，而且高年级学生的课堂活跃度普遍降低。游戏、表演、表扬、教师提问和小组活动等，对高年级学生的学习兴趣的激发似乎不再有明显的促进效果。这是为什么呢？

  一种兴趣能否持久，一般取决于它是否属于内在兴趣。外在兴趣是由外在的奖赏机制（如赞美）引起的，当外在刺激消失或不起作用时，外在兴趣也随之消失。这就是为什么低年级的热闹课堂能够激发学生兴趣，却难以使学生兴趣持久。

  而内在兴趣则不同。有些普遍的内在兴趣是与生俱来的，所谓"食、色，性也"。也有一些内在兴趣源于某种特殊的天赋，如莫扎特所拥有的音乐天赋，意味着他对音乐非常敏感，并有旺盛的音乐创造力。他在音乐上的天赋与他对音乐的内在兴趣，几乎是同义词。这种兴趣与由天赋引起的兴趣很相似，不会随着外在奖赏的消失而消失，它是满足了对事物的清醒认知的欲望，是一种内在的奖赏。批判性思维正是为了满足这种内在的欲望而来。

美国学者理查德·保罗的批判性思维理论对清醒地认知"学科"提供了具体、明确的方案。他把不同的学科定义为"认知世界的不同思考方式",例如历史就是认知世界的历史思考方式,物理就是物理思考方式,等等。同时,不同学科不同的思考方式又统一于相同的"思维要素"和"思考的质量标准"中。保罗认为,按照思考的质量标准去检验思维的要素,就是批判性思维要做的事情。

思维的要素一般包括八项:目的、问题、信息、概念、推论、前提、影响和视角。解析任何学科的思考方式都要回答有关思维的要素问题:看世界的视角是什么?目的是什么?要达到这个目的需要回答哪些关键问题?需要搜集哪些相关信息和数据?重要的概念有哪些?前提是什么?一般得出关于什么的推论?重要的影响有哪些?思维的质量标准一般包括:清晰、正确、精准、相关性、广度、深度、逻辑性、意义和公平等。当我们用思考的质量标准去衡量任何学科的思维要素,就能达成对学科的清晰认知。例如,历史思考要搜集的信息和数据是过去发生的事情,那么到底什么是过去发生的事情(对信息和数据的思维清晰性的提问)?那些过去发生了,但没有记录下来的事情算不算历史(对信息和数据的思维广度的提问)?历史中先发生的事情是否一定是后发生事情的原因(对逻辑的提问)……

下面的案例可以说明,批判性思维能够改变教师的教学行为,使学生对学科的外在兴趣转向内在兴趣。

这是一节小学的音乐课,主题为欣赏蒙古族音乐。教师具有很优秀的蒙古族舞蹈素养,其主要教学方式是让学生一边欣赏具有蒙古族音乐特色的《草原小骑兵》,一边跟随教师跳蒙古族舞蹈,以期学生获得音乐欣赏的体验。应该说,这节课的设计很有创意,实际的课堂效果也不错,学生对蒙古族音乐和舞蹈也产生了一定的兴趣。

但是，从音乐欣赏和培养音乐的内在兴趣角度看，这节课并不算成功。首先，教师未等学生独立地欣赏音乐，就用舞蹈先入为主地"包办"了学生的音乐思维；其次，上课时，学生的大部分兴趣放在舞蹈上而非音乐上；再次，由于是随教师起舞，而不是随音乐起舞，学生的舞蹈动作总是比音乐慢半拍到一拍，没有达到准确欣赏音乐的目的。因此，学生的兴趣看似浓厚，但仍然是外在的兴趣，而且是较少地建立在对音乐本身的认知和理解上。

通过对批判性思维理论的学习，这位教师开始尝试根据"用思考的质量标准反思思维的要素"的方案，围绕学生音乐听觉的准确性和对音乐意义的判断，对这节课进行了重新设计。教师一遍又一遍地让学生充分地听《草原小骑兵》的音乐，每次都问学生"听到了什么，感受到什么，是音乐中的什么东西让你有这样的感受，作曲者的目的是什么"等问题。这节课，学生不仅听到了音乐所表现的马蹄声、铃声，还听出了音乐对骑兵上坡、下坡的描写，以及对风和雨的描写。有些问题，学生可以用语言回答；有些问题，学生并不知道如何用语言回答。这时，教师也不会去教一些什么"节奏、曲式"的概念，而是请学生用舞蹈动作、敲击物品、演奏乐器、人声模仿等音乐语言，重现他们所听到的音乐。这节课，除了回答问题和重现音乐，学生大部分时间都在安静地听音乐，尝试用音乐的思维去理解音乐。课堂看起来虽然没有原来的热闹，但学生对《草原小骑兵》的认知更加丰富，这说明，人们对音乐的兴趣根植于音乐本身。

不少学科教师认为，批判性思维与语文、数学等学科的联系更紧密一些，与体、音、美的联系不多。实际上，学习体、音、美对清醒的思考同样有很高的要求，只是要求的方法不一样而已。以美术课为例，不少小学的美术课都有学习和使用红色的内容，但语文课的一个"红"字并不能概括红色的丰富性。为了激发学生对美术的内在兴趣，美术教学必须超越语文教学对"红"的理解，从而达到美术意义上的"清醒认知"。

我们可以这样设计一堂认识红色的美术课，将学生分组，每组发一张红色的纸，给每组若干颜料，请学生在规定的时间内用颜料尝试配制出与给定纸的红色最接近的颜色。为了完成目标，学生需要对美术思维的要素作出不间断的反思："这个红色与我颜料里的红色一致吗？为了配制这种红色，需要其他哪些颜料？哪些颜料可能是不相关的？为了使颜色更接近，我还应该加入什么颜料，加入多少？……"这样的美术课或许并不热闹，甚至没有借助语言，学生只是默默地工作，但却是用美术的批判性思维方式理解美术。如果经常做类似的活动，学生对颜色和颜色的形成就会有越来越清醒的认识，对颜色的内在兴趣就会建立起来。

实践证明，遵循了"用思考的质量标准反思思维的要素"的批判性思维教育原则，各学科教师都能演绎出无数紧贴学科思维特色的教学活动，使学生建立起对学科的内在兴趣。反之，当学生学会用"思考的质量标准"去审视各学科的"思维要素"时，"批判性思维"就成了一种内化的素养。

（作者单位系江汉大学）

批判性思维四问

董 毓

一问：批判性思维为什么如此重要

我一直认为，虽然批判性思维教育的普及有这样或那样的困难，但对批判性思维重要性的认识这一点还是较为普遍的。因为大家都明白，批判性思维是人类理性认知和思维方法的总称，认识的发展与创新就是通过这种思维推动的。

不过，最近有专家明确指出，批判性思维是"空东西"，没什么用。我在惊讶之余，也有不少感触。

华中科技大学教授欧阳康在2012年发表的文章中指出：批判性思维是一种最常规的人类思维，它与人的开放性、超越性联系在一起，是人类文明进步最为重要的主体性条件。如果说人类文明发展从来都需要批判性思维，那么当代人类尤其当今中国需要强化自觉的批判精神。

应该说，欧阳康对批判性思维地位和作用的表述，既恰当又精彩。说批判性思维是"人类文明进步最为重要的主体性条件"，我认为完全正确。这其实就是说，没有批判性思维，就没有人类的文明进步。

如果谈论创新人才培养，就要谈思维能力培养；谈思维能力培养，就要谈批判性思维能力的培养。所以，我对"批判性思维没有用"这样的看法感到十分意外。

如果缺乏批判性思维，将会产生许多重大影响。第一大影响是缺乏自主学习和创造新知的能力，这对于学生而言尤为重要；第二大影响是判断、决策和行动的非理性，社会上各种虚假、情绪化的现象就是具体表现；第三大影响是解决问题的能力差，其实也是人们常说的高分低能。

批判性思维这个词所代表的是阐明、分析、推理、评价、解释、反思等一整套思维能力，这些是人类认知、决策的核心依据和程序。没有它们，人不能认清真知，不能合理决策，不能有效解决问题。

如果这些能力差，就会体现出思考单一、死板、表面、混乱、片面、局限和非理性，就是缺乏批判性思维。

批判性思维是国家和个人在21世纪全球竞争中至关重要的技能，无论是高校还是中小学，必须重视对学生批判性思维的培养，这样才能谈真正的培养人才。

二问：人们对批判性思维有哪些误解

我们一直反对的，也是这些年一直努力澄清的误解，首先就是把批判性思维等同于或者很大程度上等同于负面的"批判"。

我在《高等教育研究》上曾撰文《批判性思维三大误解辨析》，第一个谈到的观点是反对在批判性思维与负面的批判之间画等号。批判性思维需要依据实证理由突破现有的认知，但这并不是对什么现象都反对或者"大批判"，有理由或有依据接受的东西还是要客观地接受。

我反对的另外两个误解，一个是把批判性思维等同于形式逻辑，另一个是把批判性思维只是看作思维的技巧和方法的集合。

正如上面所说的，现在看来还有一种误解急需澄清，就是认为批判性思维是"空东西",似乎它与具体学科内容是对立的,而后者才是实实在在的东西。

其实,我们从来不把学习批判性思维和学习学科内容相对立,我认为批判性思维要与知识在一起才能真正发挥作用,没有知识作为基础,批判性思维就是空洞的;但另一方面,无数事实已经证明,没有使用恰当的学习方法,即没有运用理解和发展的高阶思维方式进行学习,而只是选择死记硬背,那样就会是低效和盲目的。

这些已经如此显然的道理,其实都不用再进行多余的论述。说批判性思维没有用,几乎就像是说逻辑思维没有用,或者就像是在说科学的探究和实证的方法没有用一样。

关于批判性思维,世界上最普遍采用的定义,即美国批判性思维运动开拓者罗伯特·恩尼斯所表述的:批判性思维是合理的、反思性的思维,其目的在于决定我们的信念和行动。

1990年,46位批判性思维学者共同研究、制定了一个"专家共识声明"报告,表达了大家对批判性思维、理想的批判性思维者及其作用的共识。其中,关于批判性思维的"工作共识"是:有目的、反思性的判断,表现为对证据、背景、方法、标准及概念的合理考察,以便决定相信什么或者做什么。

现在,对批判性思维的理解还指出,批判性思维分为技能和习性两大方面。习性,是指具有批判性思维的精神和愿意运用批判性思维的个人品质和倾向,包括求真、公正、反思、开放几个方面,它们是合理运用批判性思维技能的品德前提。批判性思维技能,则包括上述的阐明、分析、推理、评价、解释、反思等一整套体系。

三问：批判性思维如何与学科教学融合

我们呼吁推广批判性思维教育，在课程和学习的层次上，一般需要在两个方向同时进行。

一是开设专门讲授批判性思维的通用课程，主要内容包括批判性思维的原理和方法等；二是鼓励所有教师把批判性思维的原理和方法融合在自己的学科教学中，比如语文、历史、物理、化学等。在基础教育和高等教育中都应该这样做。

目前，进展比较快的是第一个方向，即开设批判性思维通用课程。第二个方向的成果，在大学和中小学都显得稀少零星。不过最近在山东举行的一场基础教育批判性思维研讨会上，看到一些教师在这方面做了很有启发意义的尝试，我感到很受教益，也增加了不少信心。

批判性思维与学科教学的融合，其实主要体现在两个方面，一是内容，二是教学方法。

罗伯特·恩尼斯在谈到融合批判性思维的学科教学时，提出了三个词的基本原则，即反思（Reflection）、理由（Reason）和替代（Alternative）。

反思是指学生对理论和知识要先去想一想，思考它是否有根据，再确定是否接受，这是理性的习惯。理由，是要让学生看看依据是否可靠充分。而替代就是开放，寻找不同的观念、思路、解释、论证。这三个词所构成的基本原则，能够训练学生的理性和开放性的习性、能力。

其实，我们也可以按照这样的基本原则安排学科内容的学习。比如在学习知识时，学生要表达它的根据和来源，真正理解其基础、机制和运用范围。运用知识解决问题时，学生要能清楚地把相应的原理和条件展示出来，并且了解变换其中的条件会有什么结果，从而获得丰富的知识和相关的推理能力，等等。

当然，这样的基本原则也必然要求教师使用启发性、探究性和实证性的教学方法，以促进学生自主、理性、开放思考，使学生掌握分析、推理、评估和判断的技能。在这种符合批判性思维的教学法中，苏格拉底问答法，讨论式、合作式学习方法，项目性研究学习方法等，是几种值得选择的有效手段。

不过，运用这些方法并不容易。比如使用讨论式教学方法，如果教师没有对课程目标和知识点进行透彻、全面的理解，不能给出有效的引导和反馈，讨论就可能成为"放羊乱跑"，成为形式的东西，学生学到的东西也不多。苏格拉底问答法同样也如此。所以，这些教学法对教师的要求很高，远比在课堂上"做演讲"的要求高。

这里的要求高，还意味着对教师精神品质的要求高。我们一贯要求，作为一个具有批判性思维的教师，不管是教批判性思维通用课程，还是用批判性思维方法教专业课程，都必须具备较高的精神品质。

批判性思维教学法不仅仅是教学技巧的运用，它还代表着对认知和教育根本观念的变化。它意味着教师要学做批判性思维的模范——理性，开放，要以身作则，以自己为案例来展示、影响和激励，让学生自我发展，迎接挑战。

比如教师站在教室里对学生提问或批评时的面容和姿态，都是这种理性、开放教学的一部分。这对于教师个人而言极具挑战性，需要教师转变教育观念、思维模式、尊卑意识、行为方式等，还需要教师能够自我反思、自我开放、自我批评。这是自我的一次蜕变，所以教师达到这样的理想状态需要一个长期的过程。

四问：推进批判性思维教育有哪些困境

根据上面的内容，我们自然可以预见，受教材内容、教学法和教师观念等因素的影响，批判性思维教育的发展并不顺利。

比如，教师如果开展批判性思维教育，花费的时间和工夫要比照本宣科多很多，结果还不一定会受到习惯于被动听课的学生欢迎，搞不好反而会获得差评，吃力不讨好。而且按照现在的高考、中考制度，批判性思维教育效果不一定能在这些考试中反映出来，社会和学校对此的阻力较大。所以，目前的批判性思维教育还是部分学校和教师的局部行为。

如果要做好批判性思维教育，对于基层而言，学校要成为坚实的后盾，给一线教师行政、教学、后勤和体制等方面的充分保障，比如支持创新制度，改变奖励方式等；对于顶层而言，教育行政部门要做好顶层设计，营造一个整体、系统的推进环境。

当然，需要强调的是，批判性思维应该从基础教育阶段开始培养，尤其是习性，只能在基础教育阶段形成。大学主要是加强一些技能方面的训练，使学生在学术研究、决策和解决问题时有一定的方法可以遵循。所以，批判性思维教育的第一战场在基础教育，在课堂。但现实情况是，基础教育方面开展批判性思维教育比大学还少，基础教育和高等教育之间基本没有有效的衔接与配合。

目前，在推进批判性思维教育过程中，有两个迫切需要解决的问题：一是教育领导干部的认识和行动问题。他们要真正认识到，没有批判性思维能力，就没有人才培养，因此要为之付出行动。二是我们一贯提倡的教师培训问题。有教师的批判性思维教学，才会有学生的批判性思维学习。所以我建议，中国基础教育和高等教育的教师培训机构，应该以培训教师的批判性思维认知和教学法为长期不懈的主要目标。

（作者系华中科技大学客座教授）

批判性思维的"九个误解"

吴向东

批判性思维教育成为当下教育热点的背后,也同时呈现出种种"误解"。我们有必要厘清这些误解,进一步助推批判性思维教育的推广与落实。

误解一:"批判"不好,容易引起不愉快

这是望文生义式的误解。其实,"批判"并不代表恶意,不是毫无理由的否定,而是根据事实的合逻辑的评判。网上常见的暴力语言,不是批判,而是毫无由头的为否定而否定,甚至是杜撰似是而非的事实攻击。我们要知道,批判性思维的本意就包括评判、批判的意思。旅美学者徐贲没有用批判性思维一词,而是用"说理",即便如此,他还是强调:"说理就像是一只摊开的手掌,而不是一只攥紧的拳头。"把握好批判性思维的本质,友好地发出不同的声音,批判性思维何尝不是美妙的思维之旅呢?

误解二：批判性思维就是怀疑别人总是错的

批判性思维因怀疑而起，但不能因为怀疑就认为别人是错的。怀疑可以起于偏见，也可以起于事实证据。起于偏见，就容易用捕风捉影代替证据。比如，反对转基因的人士看到国外有人起诉转基因种子公司，就认为国外也是全面反对转基因的。2016年，美国国家科学、工程和医学研究院综合近20年的研究数据发布了一个报告，得出一个结论：目前，已经商业化的基因工程食品对人体健康的影响并不比传统育种技术食品更有危害，也没有影响环境的证据。我们可以继续保持怀疑，但要有尊重事实的态度。

误解三：批判性思维是求全责备

人的思维受自身生活圈的影响，有一定的局限性，有局限就会带来偏颇甚至错误。所以，批判性思维本质上是为了明辨，而不是求全责备。

健康的批判性思维，不仅向外怀疑，还会向内怀疑自己。比如：我是否太喜欢这个价值取向了，而忽略了其他价值取向的合理性？人有偏向自己喜好的倾向，向外怀疑别人时，也需要向内怀疑自己。公平、公正地站在他人角度思考，具备同理心，这样才有利于寻求合理的解决方案。

误解四：批判性思维就是论战

争论在课堂中是很常见的。因为不同意对方观点，语气没有把握好，引起了对方的反感，于是就演变成了挽救颜面的输赢论战。所以在课堂讨论中，学生学会用尊重的口吻表达不同的意见很重要，这是讨论的前提。

许多两难的议题，如中小学生要不要用手机，很难有唯一的答案。我们可以用具体的事实证据争论，但没有必要讲输赢。一些辩论赛，本意是锻炼学生的思维能力，但因为要分正反方比出输赢，所以容易演变为不遗余力地用偏颇的观点和片面的证据取胜的诡辩，这要引起我们的重视。

误解五：批判性思维是独立于逻辑的另一种思维方式

日常思维容易受个人偏好的影响，随意下结论、作出决定，经常会让我们后悔。而批判性思维会对日常思维进行理性评估，判断日常思维是否符合好的标准，是否符合逻辑。所以，逻辑是批判性思维的武器，是不可或缺的内核。

在一些谈论批判性思维教学的文章中，我们看到最多的是学生辩论来辩论去，以为能提出不同的看法就是批判性思维，至于这些辩论是否要遵从逻辑，则很少谈论。这其实隐含着一个巨大的危险，那就是逻辑的离席。逻辑是内核，没有逻辑作为基础，就容易掉入各种逻辑陷阱且不自知。我们把自己思考的结果拿出来供他人讨论，就是为了让他人评判逻辑是否严密，是否存在偏颇和不全面。所以，批判性思维是以逻辑为基础的，不是独立于逻辑的新的思维方式。

误解六：类比推理是严谨的逻辑推理

归纳与演绎推理是逻辑推理的两大形式，类比推理与这两种形式不同，它的推理形式大致是这样的：A 对象具有属性 a、b、c，另有属性

d；B 对象具有属性 a、b、c；所以，B 对象具有属性 d。这种推理形式显然是不严密的，得出的结论具有不确定性。因为 A 和 B 既然是两个不同的对象，虽然有相同的属性，但也有不同的属性。如果因为存在一些相同的属性而推断某个属性 A 有 B 也会有，那就真要靠碰运气了。所以，类比推理作为启发新的发现是有价值的，但需要实验观察的检验。

误解七：批判性思维只抓住事实进行推理

批判性思维的第一步，要区分事实和观念。英国逻辑学家罗素说："有关智慧，不管你在研究什么事物，还是在思考任何观点，只问你自己，事实是什么，以及这些事实所证实的真理是什么。永远不要让自己被自己更愿意相信的，或者人们相信的，会对社会更加有益的东西所影响。只是单单地去审视，什么才是事实。"人的推理容易被自己的情感倾向和秉持的观念迷惑，所以罗素无比强调事实的重要性。但是，事实只是推理或论证的基本条件，而要达到更高层次的思维水平，就要学会用概念来推理。

概念是把事物的共同本质特征抽象出来加以概括，用词或词组来命名。比如，在探寻动物分类中的鸟类特征时，会飞不是鸟的本质特征，鸵鸟、企鹅都不会飞，但会飞和不会飞的都有羽毛，且产卵繁殖，这些是共同特征，具备这些特征的动物称为鸟。形成了鸟的概念，就可以用来对其他动物作出判断。概念是思维的基本单位，而事实太多，如果不从事实中抽象出本质特征加以概括化形成概念，我们的思维就只能处于低级的原始状态。

误解八：观念就是概念

批判性思维审视的对象往往是一些观念。比如，学生只要努力学习了就会取得好成绩，这是观念。如果我们对这个观念进行审视评判就会发现，这对于许多人来说只是一厢情愿。每个人都有长处和短处，在数学上优秀，并不意味着在语文写作上优秀。概念与观念不同，概念反映的是类别、规律或原理。对于学习规律来说，"努力学习"是观念，"刻意练习"是概念。如果学生仅仅要求努力学习，而不像刻意练习这样提供努力的方法，再怎么盲目地消耗时间努力，也难以奏效。

再说概念，日常生活中人们很喜欢用大概念，这些大概念由于内涵过于丰富，外延过于弥漫，运用时既是概念也是观念。比如，班级管理要民主，这是观念。但到底怎样做才能体现民主，这就需要我对民主作出详细的可操作的概念界定。一个学生说"班长不听我的，他不民主"，那么是不是不听他人建议而作决定就是不民主呢？这样的陈述很难判断。如果有学生这样说："同学们按照罗伯特议事规则对这件事讨论后进行了投票，但班长还是不听。"这时就可以判定班长是真的不讲民主了。

概念需要有清晰的内涵和外延才有利于逻辑上的操作。反省一下我们日常的讨论，许多时候容易在概念模糊不清的情况下进行无谓的争论。有意思的是，在诡辩中，刻意模糊和混淆概念是常用的策略，如果我们养成了批判性思维的意识，在讨论时先厘清概念，一些诡辩自然就容易被戳穿。

误解九：批判性思维尊重多元，和为贵

批判性思维是一种理智美德。尊重多元，和为贵，从不同的人、不

同的国家、不同的族群、不同的文化角度看，都是需要批判性思维的。但批判性思维的可贵之处在于其对真理与公正的追寻，这正是它理智美德的要义所在。尊重多元，不意味着放弃对真理的明辨；和为贵，不意味着放弃对公正的追寻。比如，要不要举报要好的同学考试作弊，要不要与平时关系不好的同学合作完成探究项目等，从不同的视角论证，会有不同的结论和行为选择。理智美德的存在，可以成为一种动力，让各不相同的彼此，一起反省，共同改善，共同进步。

（作者单位系广东省深圳市龙岗区龙城小学）

批判性思维的教学转化

徐 飞

批判性思维的目的不是"否定"

许多人认为,批判性思维的根本取向是"批判",最终目的是"否定",这是对批判性思维最严重的误解,客观上限制了批判性思维在国内被接受和推广。

事实上,批判性思维并非事先假定什么是对的什么是错的,只是主张任何观点及其论证都应该接受理性的检视,如果发现是错的就拒绝它,发现是对的就相信它。当然,在相信的同时还要思考有无进一步改进的可能。

比如,能不能对教材运用批判性思维?答案是可以。发现教材的瑕疵会令人振奋,当然,发现教材结论的正确和文本的高明,也会让学生真正接受和深刻理解教材所传递的东西。因此,批判性思维并不会使人偏激,让人生出"反骨",相反,它会使人更包容、平和、客观、中立。

与上一种误解密切联系的另一种误解,是把批判性思维当作求异思维,认为其目的是推出一个与别人不同的东西。批判性思维和求异思维有一定联系,二者可以相辅相成,但并不是一回事。

还有一种误解，就是认为批判性思维是很"高大上"的东西，这就使得许多人敬而远之。我曾提倡高三学生复习时要多一点批判性思维，有教师表示担心：相对统一的答案需要批判吗？有限的解题时间来得及批判吗？命题人反复推敲的材料有必要批判吗……

于是，我给那位教师举了一个例子。《史记·魏公子列传》中有句话"侯生摄敝衣冠，直上载公子上坐"，"摄"解释为"提起"行不行？解决这个问题就不能只凭知识和语感，而是要用到批判性思维。可以推想："提起"衣服还可以接受，"提起"帽子就显得不合理。那位教师说："这就是批判性思维？那我也用过。"

事实上，正如这位教师所意识到的，批判性思维是一种很普通、很常见的思维。我曾给批判性思维下过一个描述性定义：人们在面对（或作出）一些结论时，如果对结论不是简单接受或断然拒斥，而是研究这个结论有没有依据，其中的推理是否合乎逻辑，甚至进一步对依据本身的真实性、代表性进行考察，当然还会思考结论本身是否合理，是否会推出谬误，是否与已知的一切有冲突……这就是在进行批判性思维。

当然，我们也要防止陷入另一种误解，即认为批判性思维适用于任何领域，甚至无所不能。事实上，批判性思维代表的是人的理性一面，而经济学、心理学研究表明，人是"不完全理性"的，科学发展还表明理性本身也是"不完全"的。理性的局限自然也是批判性思维的局限。

误解带来误用，最可怕的误用是把批判性思维当作自我标新立异又挞伐他人异见的利器。声称"独立思考"，其实只求树立自己；口言"批判质疑"，其实只为驳倒别人。这是对批判性思维最大的戕害。

三条策略让批判性思维落地

把批判性思维运用到基础教育中，不宜使其成为增设的目标和额外的任务，而应使其与固有的教学内容水乳交融。中小学生批判性思维的培养，要注意抓精粹、求简单、找结合。

抓精粹。教师对批判性思维及其培养理论要有深刻的理解，然后找到最本质和对教学最有价值的东西。批判性思维有许多好工具、好方法，但借鉴时一般不宜照搬。例如，图尔敏论证模型（一种论证方式）是一种非常好的工具和思想方法，但如果要求中学生完全掌握，就显然不太现实。图尔敏论证模型对中小学教育最有价值的是"反例"意识。有了这个意识，学生会自觉对观点进行修正，对论证框架进行细化，规避或解释反例。

一次上作文指导课，我让学生考虑"兼听则明"的论证提纲，先让他们找出反例，再优化论点表述、细化论证框架。他们举出的反例主要有："三人市虎""父子骑驴"，表达听得越多反而越糊涂⋯⋯

随后学生建立了论证框架——提出论点：兼听则明；剖析原因：突破局限，拓宽视野；指出关键：在"多"，更在"异"；限定前提：听者有胸怀，善辨别；总结原则：独立思考，为我所用。

整个过程只用了9分钟时间。

求简单。在理解批判性思维及其培养理论体系的基础上，找到适合中小学教育教学的要点和方法，而且要点一定要少，方法一定要简单。基础教育阶段的教学和学习任务相当繁重，如果我们把批判性思维搞得很复杂、很高深、很挑剔，绝大多数师生就会躲得远远的。我很少向教师们提到类似"智慧勇气""自我校正"这些专业性概念，更不会把论证模型直接带到课堂上。我跟他们讲：批判性思维的目标就一个——决定信还是不信；对象就一种——论证（或推理）；要点就三个——会质疑、重实证、讲逻辑。教师们发觉：原来我早就知道这些东西，也曾经有过努力和尝试，现在只需要更自觉、更系统地做就行了。

当自觉的探索和实践开始后，专业性自然而然就会渗透进来。师生会明白，批判性思维是开放、进取甚至开拓的，也是针对自己的……

找结合。教师要找到学科教学任务中适宜运用和训练批判性思维的地方。从批判性思维的目标、对象和要点出发，你会发现它在教学中有广阔的空间。对教材可以运用批判性思维，对习题及教师引入的材料也可以运用，而更多的运用其实应该在师生讨论或自我反思的过程中。合理运用批判性思维有助于固有教学任务的实现，也有助于学科关键能力培养的落实。

我认为，批判性思维很容易在学科教学中找到结合点，而且很可能带来课堂教学深层次的变化。

2008年，我到南京外国语学校任教，当时凭借对批判性思维的浅层理解，我觉得质疑是一个重要的入口。于是，我开始尝试课文教学先从学生的现场提问开始。

第一次用这种方式上课是讲《楚辞·渔父》。在短暂的沉默之后，学生提出了17个问题，其中"渔父为何见死不救"这个问题至今令我记忆犹新。一段时间下来，类似有趣而深刻的问题越来越多："乘天地之正，御六气之辩"是不是"有待"？项羽为什么先"乃欲东渡乌江"，而后又选择自刎……

学生已经能提出有价值的问题，那么怎样才能高效地求解答案呢？谁来回答学生的问题？怎样用学生的问题串起一堂课，是一问一答，还是问完所有问题再答？更重要的是，如何让求解过程贯穿批判性思维，并最终达成学习目标呢？

于是，我摸索出"质疑—（整合）—共解"的教法。所谓质疑，就是师生（主要是学生）针对课文或其他学习材料中难以理解、相互矛盾、不合常理的地方提出问题；所谓整合，就是师生对提出的所有问题进行筛选、梳理、归纳、排序；所谓共解，就是师生基本按照问题整合的结构和顺序进行探究、展开讨论，最终达成共识。

运用"质疑—（整合）—共解"教法培养学生的批判性思维，至少给我的课堂教学带来这样几个变化——

一是对文本的细读、深读。强调批判性思维之后，学生明白任何观点都要有理由，而且要到字里行间去找，渐渐就学会了细读和深读文本。

比如，"李广难封"有无自身原因？这一带有颠覆性的问题，看似超出了教学范畴，但完全可以基于课文进行讨论。学生发现：从课文内容来看，"李广难封"也有其自身原因。李广追射匈奴射雕者毫无战略目的，而且竟然连所部都不知道他的去向；作战射击时"度不中不发"（苛求每一箭都要命中，而不是在有限的时间杀伤更多敌人），导致"将兵数困辱"等，这些情节体现了李广尚武好斗超过了知兵善战，甚至在军事观念、纪律方面有一定缺失……

求解问题时运用批判性思维，要求每一个结论都要落在证据——也就是文本的具体信息上，能避免纯粹思辨和架空分析，甚至能解决困扰中学教师的文言文教学中"言"（主要是词句翻译）和"文"（主要是内容解读）易分离的问题。因为只要带着找证据的意识，文本解读自然会从"文"走向"言"，从"言"走向"文"。再深刻、再宏大的问题，都可以放到具体的语句中来求解；再琐细甚至不起眼的字句，都可能通向文本的核心。

二是学生的参与度提高。质疑是思考的起点、探究的动因，是学生主动认知的开始。但如今主流的"提问式教学"通常是师问生答。其实，教师"满堂灌"固然以源源不断的现成结论败坏了学生探索的兴致，但教师"满堂问"又何尝不是以问题在钳制学生的思维和想象呢？"质疑共解"与"师问生答"的显著区别是：对于前者，学生研究的是自己感兴趣和产生探究冲动的问题，并由此开始一个真正的主体性思考过程；对于后者，学生即使产生思维活动，但其思维场域、界限、方向甚至结论都是被圈定的。教师受自身认识范围和思维定式的影响，对文本的认识是有局限的。学生参与度的提高,学生视角的多元化,往往能促使教师突破自身局限,让一堂课向新的维度开拓。

三是找到了教学起点和目标之间的路径。教学起点就是学生的真实状态,一堂课无论怎样导入,都不应该脱离学生的真实状态,否则再精彩也没有实际意义。学生质疑其实就是他们真实状态的反映,是课堂教学的最佳起点。细致分析不难发现,学生提出的质疑,既包含了已知也揭示了未知。但如何以学生的已知为基础、未知为指向,并最终走向教学目标呢?拿 GPS(全球定位系统)导航和"质疑—(整合)—共解"作个类比,学生的质疑确定了"我的位置",教学目标确定了"目的地",问题整合其实是"路径规划","共解"是实时的"行驶"过程,而批判性思维就是重要的"交通工具"。

两大因素阻碍批判性思维的发展

要在中小学推进批判性思维,从目前的状况来看着实不易。

从大环境来说,传统观念的制约、师道尊严的禁锢、效率主义的横行、应试教育的回潮、浮躁心态的弥漫等不利因素,共同导致了批判性思维发展的困境。

从人本身来说,人们长期以来形成的认知特点、习惯及观念也是一个重要障碍。

首先是逻辑素养的缺失。当下,能完全正确掌握、运用和辨别"假言推理"(根据假言命题的逻辑性质进行的推理)所有形式的学生实际比想象的要少得多。再看看网络上的许多言论,有意无意强加因果、以偏概全、把类比推理当作必然性推理的问题比比皆是,却很少有人认真推敲。更别说"诉诸情感""诉诸权威"这些刻意为之的谬误了,人们甚至觉得这些还很有"说服力"。特别需要注意的是,当下逻辑素养不仅缺失，而且还得不到重视。

其次是实证意识的缺乏。这是一个普遍性问题，在中小学教育教学中也有所体现。例如，人文学科教学容易"架空分析"，自然科学学科还不够重视实验教学，教师主要关注的还是对结论本身的理解和运用，因为这对考试最有用。事实上，探究因果联系的方法，对学生将来从事各行各业工作都有积极的价值。做哪一项工作都需要发现一些规律性的东西，也都需要用到这些方法。

批判性思维离不开逻辑和实证，逻辑和实证反过来又可以促进批判性思维的发展，它们是互为因果的关系。我认为，逻辑规则和实证方法是批判性思维的重要组成部分，也就是说，批判性思维的培养完全有可能使人们在逻辑和实证方面的素养有所提升。从这个意义上说，批判性思维的培养，对国民素质的提升会有不一般的意义。

（作者单位系江苏省南京市中华中学）

阅读写作课——批判性思维教育的入口

余党绪

经过近年来的传播与推广,批判性思维逐渐成为基础教育界的热词。

我认为,中小学的语文阅读和写作课,可以作为批判性思维教育改革的入口。教师可以将相关课程改造成培育探究和论证能力的课程,训练学生基于问题阅读研究、收集信息、鉴别真假、提出观点等能力。

阅读教学"问题多"

对于当下的大多数阅读教学,我认为主要存在量少、质次、结构不合理、效率低下等问题。

首先是量的问题。阅读量不够是一个方面,而且有限的内容其质也不能让人信服。文章的优劣,自然不能以长短来论。但一篇一两千字的文章,不管怎样"花团锦簇",承载的内容也毕竟是有限的。随着学生认知水平与阅读能力的不断提升,他们热爱新知、渴望挑战、渴求突破。但遗憾的是,在许多阅读课上,低水平重复多,老生常谈多,内容肤浅多,课文多是一些一眼即可洞穿的文章。在语文学习中,有些重复和反复是有必要、有价值的,但低水平重复只能加重学生对阅读的厌倦。

不同的文章，阅读的心境不同，对阅读素养的要求也不同。若读物的容量小、思想浅薄，时间久了，学生自然心生居高临下之感。这种"君临式"阅读，容易使人养成随意、散漫和浮躁的阅读心理，也即常说的"浅阅读"。当然，读物内容大幅度超越学生的认知水平和阅读能力，又会挫伤他们的阅读热情和兴趣。但是，目前阅读教学中的主要问题还是来自"浅阅读"。

若教材选文的容量和难度不能激发学生细读与探究的欲望，必然会助长这种"浅阅读"的风气。相反，如果读物的内容保持适当的新鲜感和挑战性，保持略高于学生水准的长度和容量，那么学生就需要集中精神、思维清晰、思路明晰、前后关联、摒除杂念、排除干扰，且需要有一定的人生体验、背景知识和逻辑素养。这一点恰恰是目前阅读教学中最稀缺的。

人们一般习惯上对教材的理解就是一本书。短文的教学价值有限，若选长文，又与教材的容量产生了矛盾。作为一种变通办法，"节选"便应运而生。沈从文的《边城》、卡夫卡的《变形记》、梭罗的《瓦尔登湖》、鲁迅的《阿Q正传》等，都以节选的面目出现在教材中。这当然不失为一种走进经典的捷径，但名著的价值也离不开整体性。读片段多多少少破坏了这种完整性，总有遗珠之憾。

除此之外，结构比例也往往不太合理。其实，长文与短文、节选与全本，并不是一个非此即彼的问题，而是一个比例是否得当的问题。高品质的短文当然要读，那么多经典都读全本也不现实，片段式浏览自然有其不可替代之用。

高中阶段是一个人价值观、思维方式和人格形成的关键时期。从人的认知方式和思维特点看，高中阶段是理性精神与批判性思维、抽象思维与逻辑判断力形成的关键时期。在我看来，阅读教学在这方面的强调还远远不够。单从目前的课文构成看，思辨性、批判性、论理性的文章数量偏少，编排上也缺乏合理设计。

而且，当前我们所谓的"阅读教学法"，大多停留在感觉层面、经验层面、个体层面，缺乏理性的系统化和思辨性的学科化。

基于上述判断，我一直以教材为基础，探索阅读教学的改进之道，既要拓展又要深化，弥补阅读在量、质和结构上的遗憾。在实践中，我倾向于指导学生以批判的态度阅读理性的文本，我称之为"思辨性阅读"，即在读写中思辨，在思辨中读写。

"思辨性阅读"实践主要考虑三个方面的问题：内容选择上偏向理性化阅读，阅读态度上强调批判性阅读，阅读过程要具有思辨性。

一、内容选择上偏向理性化

近 10 年来，我一直在学校进行杂文阅读与"万字时文"阅读活动的尝试，主要的考量是内容的理性化与思辨性。

现代杂文的特点在于其独立自由的精神姿态及批判性思维方式，若缺乏这两点，杂文就不能自成一"体"。如果想养成独立自主的思维习惯和多元理性的思维方式，读杂文算是一条有效的途径。我的杂文阅读教学立足于态度与观点的冲击，多以主题为单元展开。此前引导学生读过的主题包括：独立人格，自由思想，公民意识，理性精神，质疑能力，悲悯情怀，回归常识，坚守良知，拒绝遗忘，审美人生，等等。我希望带给学生杂文所承载的一些基本价值观念与思想意识。

另一个较有成效的探索是"万字时文"阅读，也称"极限式阅读"。"万字"这个词，主要强调读物在长度、容量和难度上的挑战性，同时也暗示其在内容建构上的理性化与思辨性。一般说来，长文阅读的展开凭借的是知识与视野，依靠的是逻辑与思辨，总体上倾向于理性化和思辨性。

多年实践下来，我在选文上秉持三个标准：一是思想理念上，要略高于学生；二是文化视野上，要略宽于学生；三是写作艺术上，既要优于学生，能给他们便于吸收的营养，同时又要具有一定的可读性。简单概括，就是要接近学生阅读水准的"极限"。

比如《真正的鲁迅是沉默的》（钱理群）、《司马迁，关于生与死的话题》（骆玉明）、《未经省察的人生没有价值》（周国平）、《白修德与40年代中原大饥荒》（雷颐）……这些文章就比较符合上面的三个标准。那些华而不实、空洞无物的文章，不选；晦涩、故弄玄虚的文章，不选；与学生认知水平距离太远的文章，不选；伪抒情、伪情调、伪崇高的文章，不选。

作为一个每天都与学生打交道的教师，得出以上的判断并不是一件很困难的事情。十多年坚持下来，我发现，学生较感兴趣的多是以文化眼光观照人物、历史、思想、典籍等内容的思辨性文章。

我认为，语文教师需要做的是改变那种低水平的简单重复的阅读现状，逼迫学生不得不以"仰望"的姿态阅读，以探究的心态阅读，逼迫学生"动脑筋"而非暧昧的"动感情"，"有心思"而非简单的"有感觉"，在阅读实践中不断提升知识层次、阅读素养与思维能力，培养逻辑思辨力和文化思辨力。

二、阅读态度上强调批判性

当前，大多数阅读教学缺少批判精神，这是一个不争的事实。不单学生缺乏，其实教师也缺乏。结果，教古诗文就是为了继承传统文化，教名著就是为了仰视经典。有人主张"不跪着教书"，其实同样也有"不跪着读书"的问题。阅读之前先将自己定位于继承者与仰视者，故而尚未开卷，先已低头。

读《过秦论》，大都服膺于贾谊的滔滔气象和仁政思想，却少有人思考"仁政"与民主的区别，也少有人质疑这篇以帝王为读者、被历代君王反复诵读的华美之文，其传达的政治理念与现代民主政治究竟有何差异。这样的阅读，不是"跪着"读，又是什么呢？

批判，在我们的文化语境中被严重"污名化"了。所谓批判性阅读，不过是边阅读边评断，边接受边质疑，边沉浸边反省。说到底，就是一种独立的阅读姿态。批判性阅读，强调的是阅读者独立的姿态、批判的眼光和思辨的流程。

当代人读古人的书，归根到底是为了在当代更好地活。一旦进入教育视野，阅读的最高价值就在于有益于当下的生活，有益于鲜活的生命，有益于学生的文化成长和人格发育。这样的阅读，必然是以"我"为主的，是站着读，是对话，而非"跪着"读。

当前的文学名著教学是阅读教学的软肋，泛泛号召的多，精心耕耘的少，有限的教学也多停留在作家介绍、创作背景、人物分析、艺术特点这种"八股"流程上。

我一直试图引导学生读名著，并将名著的阅读教学定位在"人生智慧的理性反思"上。好的经典一定是人生的教科书，它所呈现的生命形式与人生内容，正是我们体悟生命、省察人生的"镜子"。读《红与黑》，在于作品揭示了生命中"野心与尊严"的冲突问题；读《三国演义》，在于作品揭示了人生中的"功名与道义"选择问题；读《悲惨世界》，在于作品揭示了我们都可能面临的"苦难与罪恶"问题……当学生在作品中找到了"代入感"，找到了对话的空间，找到了思考的契机，最终引起共鸣，名著的价值才会真正实现。显然，这样的阅读必须以读者为主体，必须加入自我的人生体验与思考。也只有批判性阅读才能促成这一目的的达成。

三、阅读过程要具有思辨性

阅读教学与一般阅读的区别，在于阅读内容与阅读过程的组织性。没有对阅读过程的指导、调控、反馈与评估，算不上真正意义的教学。"万字时文"阅读，除了在选文上要用心，更要注重阅读过程中的反馈与指导。首先，写好一篇"万字时文"的摘要就不是一件容易的事。再写读后感，写自己的感想与感悟，写自己的理解与思考。再后来，鼓励有想法的学生就文章展开争鸣或商榷，或就某个问题开展切入角度较小的体验式研究。这样的过程很艰苦，但循序渐进后，效果还是比较显著的。

在"万字时文"阅读中，我最得意的一个做法，是引导学生在较为轻松的寒暑假，就一个学期所读过的20多篇长文，写一篇5000字左右的"时文综述"。"综述"要求对20多篇长文进行分类与分析、抽象与综合、整合与表达，这必然导向逻辑与思辨。这个过程既是一个文化整合过程，也是一个思想整合过程；既是一个文字整合过程，也是一个思维整合过程。这对于习惯于浅阅读和信息筛选式阅读的学生来说，确实是一次难得的阅读体验和表达体验。

在名著阅读中，我更注重在读与写的结合中，引导学生进行思辨与整合。比如《俄狄浦斯王》的教学，需要用半个学期完成，其中就有课内与课外相结合，自学与教学相结合，读与写相结合。

"读写结合"分为两个阶段

第一个阶段是"为了读的写"。"写"是为了更好地理解作品。写《俄狄浦斯王》的故事梗概，以不同的叙述角度讲故事，比如分别以俄狄浦斯、王后的口吻叙述这个故事，或者从观众的角度讲述这个故事……这个过程就是为了让学生细读文本，厘清人物关系和故事线索，更准确地把握作品的内容与内涵。

第二个阶段是"为了写的读"。这个阶段，"读"是为了更好地"写"。《俄狄浦斯王》关注的是"命运"问题，又涉及真相、担当、选择、忏悔、悲剧等命题，它的思考穿越古今，是讨论和思考"命运"问题的最佳资源。基于这样的理解，我给学生提供了一些与命运、真相、责任相关的作文命题，让他们以《俄狄浦斯王》为"资源"写作文。这个过程既是对原著的反刍与整合，又是对文化的理解与思辨，更是对自我的反思和创造。

我所理解的"思辨性阅读",是理性的阅读,是对话式阅读,是批判性阅读。当然,它也是一种建构性阅读,帮助学生的精神建构、文化建构、语言建构等。

问题主要来自实践者自身

当下,批判性思维教育的发展,我认为最迫切需要解决的是精神缺乏问题。态度决定一切,如果有"讲理"的态度,即使讲得不好,也有提高的希望。但我们的学生从小就缺乏分析、推理、判断能力的培育。

基础教育越来越意识到培养批判性思维的重要性。当然,批判性思维在推广中也面临各种问题,但主要问题还是来自实践者自身。

在语文教育中有两种声音值得关注。一种是"二元对立"的看法,有些人担心强调批判性思维的训练,会妨碍学生情感、想象力和悟性的发育;另一种声音也不可小觑,那就是有些人鼓吹我国早就有了批判性思维,于是列举一大堆古人关于质疑、理性、审慎的名言名句佐证自己的结论。在我看来,各民族的思维方式中都包含了批判性思维的因子。但将其发展成一套以分析论证为核心的思维技能,这方面还有很大的进步空间。

其实,从教育实践看,我们积累了大量的思维训练经验,而且有些经验也切合批判性思维的内涵与规律。但不管怎么说,以往的批判性思维教学尚处在不自觉、不明确的状态。如果我们认识到了批判性思维的价值,就应该自觉地、明确地、合乎思维规律地开展批判性思维教学,而不是躲躲闪闪、朦朦胧胧、似是而非地做。

(作者单位系上海师范大学附属中学)

打开思考的大门

欧阳林

几年前，作为校辩论队教练，我带队参加了国内外一些重大辩论赛事。在这些赛事中，开始了解批判性思维，并尝试将批判性思维引入语文教学。批判性思维为我打开了一扇思考的大门，我开始对语文教学有了一种新的认识，越来越意识到，批判性思维是一种系统思维，需要对学生进行较为系统和长期的训练才能有效果。为此，我在多年的教学实践中总结出以下教学形式：批判性思维教学、学科渗透式教学、辩论课程、项目研究型课程。

以批判性思维教学为例，它独立于学科之外，以案例教学为主，是以逻辑思维为基础的批判性思维课型。

根据多年的经验教训，我将零散的教学内容梳理成一个批判性思维教学系列，包括以下八个专题：第一，什么是批判性思维；第二，概念辨析；第三，归纳推理；第四，演绎推理；第五，因果推理；第六，类比推理；第七，隐含的前提；第八，综合案例分析。

教给学生推理的方法，才能让学生真正明白如何讲道理。但是，真实的写作常常并不是完整的演绎推理法，而是省略的形式，所以只掌握逻辑推理的方法，依然不能满足教学和写作的真实需要，还要学习批判性思维知识，懂得寻找隐含的假设，知道有哪些逻辑谬误，如何进行合理推理,如何确认材料的真实性,如何确定合理的方案或观点,等等。

因此,每个专题都应包含相应的对逻辑谬误的分析。比如,滑坡谬误、从众谬误、诉诸权威谬误、"稻草人"谬误、以偏概全谬误、非此即彼谬误、强加因果谬误,等等。

对中学生而言,相对于进行较为专业的批判性思维知识教学,案例教学更有优势。作为语文教师,我所选的案例大部分是阅读写作教学的例子。例如,有的学生在文中这样写道:史铁生是不幸的,但同时也是幸运的。说他不幸,因为他年纪轻轻因病致残,双腿瘫痪,这使他一度对生活失去了信心;说他幸运,是因为双腿的残疾让他失去了原有的生活,却带给他另一种全新的生活,让他有了更多的时间来读书、来思考,在地坛找到了新的生命意义,这才有了现在我们所认识的作家史铁生。

上面一段文字看起来很有逻辑性,有因有果,有正有反,但恰恰犯了学生写作中最容易犯的毛病。

史铁生双腿残疾是事实,成为作家也是事实,但残疾是他成为作家的原因吗?史铁生之所以成为作家,残疾也许只是一个起因,但其根本原因离不开他的努力、勤奋、天赋以及善于学习、善于思考的精神品质。而学生将残疾看作他的幸运,实在是强拉因果的逻辑谬误。

同时,我还开展了学科渗透式教学,将批判性思维融入语文学科教学,在阅读和写作教学中运用批判性思维组织阅读和写作教学,训练学生的批判性思维能力。为此,我开设了专门的写作教学课程,如概念型命题的批判性思维教学、观点型命题的批判性思维教学、矛盾型命题的批判性思维教学等。基本方法有:语境分析法、原因分析法、反例法、联系现实法、利弊比较法等。

通过这样的训练,我力图让学生明白某一观点的成立是有一定条件限制的,需要给其加上修饰语。

如果学生没有经过专门的批判性思维教学训练,也没有在阅读教学中学习批判性思维,那么在写作教学中融入批判性思维的难度就会比较大。因此,最好有了前两种教学之后,再进行写作教学。

写作是一种整体思维,批判性思维在写作中的运用常常是动态和系统的,而每一次写作教学只能重点就某一点展开教学。因此,每一次写作教学都是片面的、充满遗憾的体验,我只能努力去构建较为完善的批判性思维写作教学内容。学生在经过这样的系统学习之后,思维水平和写作水平会有明显提高。

(作者单位系江苏省常州高级中学)

第四辑

读懂教研

课堂成也管理,败也管理。课堂之于教师,有人称"三分教学,七分管理";课堂之于学生,有人称"从自主到自治,贵在自我管理"。这一辑将为您提供教研与课堂管理的新思维与新策略。

发现合作教研新样态

褚清源　王红顺

本着"落地思维"的办会原则,中国教师报"创课进校园"第三站公益活动改变了过去观课议课的程序,特别设置了"学情观察员""学生评课团""教师评课团"和"专家评课团",组成了多元观课与研学的视角。

合作教研要用好"三只眼"

3.0版观课评课体系是基于当前听评课中存在的问题所提出的。

过去的听评课忽略了对学生"学"的关注,或者说关注得不够精细;过去的听评课往往容易陷入"一言堂"的局面,缺乏平等对话与分享的文化;过去的听评课往往是凭经验和感觉,缺乏借助工具和数据进行更全面的分析;过去的听评课往往讲优点多、讲缺点少,浅层次问题多、深层次问题少,同质化问题多、创新性观点少。

日本教育学者佐藤学曾说,研究教育需要用好"三只眼":一是飞鸟之眼,二是蜻蜓之眼,三是蚂蚁之眼。飞鸟之眼关注的是宏观层面,能够高瞻远瞩,却往往浮光掠影;蜻蜓之眼关注的是中观层面,多个角度观察课堂,重心下移却可能蜻蜓点水;蚂蚁之眼关注的是微观层面,所见有限却精确细致。

过去我们习惯于使用飞鸟之眼观课，也尝试过蜻蜓之眼，但对蚂蚁之眼使用得远远不够。课堂观察与研究不仅需要飞鸟之眼、蜻蜓之眼，也需要近距离、切片式、放大镜下解剖课堂的蚂蚁之眼。"三只眼"各有侧重，互为补充，"三只眼"只有一起使用，才能构成多角度、多维度的观课体系，从而更好地还原课堂的本真。

当前的校本教研制度大致有三种样态：一是听课评课，二是观课议课，三是课堂观察。

听课评课中的"听"和"评"，是以旁观者的身份关注教师的"教"，往往是以权威者的姿态自上而下评判一节课的得失，重在评教。

观课议课中的"观"和"议"，体现了上课教师与观课议课者之间的平等对话。"观"的重点是使用观课工具，观察重心开始向学生的表现转移，注重以学评教；"议"的重点是以此为案例，发现更多可能性，旨在诊断与发展。

课堂观察则是借助观察量表，让课堂研究实现从定性到定量的突破。

在上述三种样态的基础上，我们引入了"学情观察员""六项思考帽"等做法，本着简易、可操作、常态化原则，提出了一种校本教研新样态——"多元观教与研学"。

基于此，我们将过去"重在评教"的听课评课称为"1.0版本"，也即"中医式评课"；然后将重心逐步下移、对话更为平等、使用观课工具进行的课堂观察称为"2.0版本"，即"西医式评课"；我们将多元视角观课、重视学情观察的观教与研学称为"3.0版本"。

3.0版观课评课体系旨在优化观课议课的程序，借助更多的工具，运用中西医结合的方式精准评课、精细评课，让多元观教与研学真正有效落地。3.0版观课评课体系的提出不是取代以前的标准，而是为了纠偏，是基于整合对传统听评课制度的迭代与更新。

多元观教与研学的三大策略

一、学情观察

学情观察员要近距离与学生接触,重点观察和研究学生的学,在不干扰学生正常学习的前提下,与小组学生坐在一起,开展基于第一现场、基于证据的学情观察,聚焦每个学生的学习过程,用描述的方式重点关注、记录学生的学习样态。

一次完整的学情观察与分析活动可分为三个阶段——

第一阶段:了解教材和学情信息。

学情观察员首先要改变原来自由观课、自选座位的做法,以学情观察员的身份深入小组内部,明确学情观察的记录规则及相关注意事项。

学情观察员要整体感知教材,提前3分钟进入课堂,了解所在小组成员的姓名、角色分工等情况。

第二阶段:倾听、观察与记录。

学情观察员的职责是倾听、观察并记录学情,不参与、不干扰学生的学习。学情观察员如实记录教师发出指令的有效度、组员的学习状态及偶发事件;记录学生的观点、神情、动作,看同伴之间是否能平等合作,是否能相互倾听。

第三阶段:分享与反馈学情。

学情观察员如实反馈、充分分享观察到的学情,采用立体化、描述性、叙事性的语言讲述课堂上的细节与故事。学情反馈既可以是感动自己的某个细节,是某个学生学习状态前后的变化,也可以是小组合作学习中存在的某些问题。

上课教师借助学情观察员反馈的学情,可以更好地促进课后复盘,改进、完善、优化自己的教学策略。学情观察员破解了年轻教师议课时不会说或说不到点子上的尴尬状况。

课堂上的学情瞬息万变，一位教师面对几十名学生，这种结构性矛盾决定了上课教师很难关注到每一名学生，而学情观察员就像上课教师的"第三只眼"，可以协助其发现更多学情。

重视对学情的观察，就是避免上课教师做课堂上的"盲人"。我们日常所了解的学情多是抽象的、集体的，只是丰富而庞杂学情的冰山一角。所以，借助学情观察员，上课教师和观课教师可以发现更真实、更多元的学情。

二、学生立场

改进课堂，学生不能缺席。课堂改革需要坚守的一个重要立场就是学生立场。所以，在多元观教与研学中，我们提出了要坚守学生立场的策略。当我们的课堂需要不断改进和优化时，请不要忘记听取来自学生的声音。有时候"问计于生"比"问计于专家"可能更有效。课堂研究应该基于学生、为了学生，课堂研究不可忽视学生立场，要让学生成为课堂研究的直接受益者。

坚守学生立场有三种方式可以参考：一是作为学习者的学生要发声，学生是课堂学习的主角，对于课堂到底怎么样，他们最有发言权；可以听取一下学生这节课收获了什么，还有哪些遗憾和注意的事项。二是来自学生视角的观课，学生评课团反馈这节课中，自己在教师和其他学生身上学到了什么，又发现了哪些问题，有什么建议，让学生真正作为平等的对话者参与评课。三是来自不同方面的评课信息要同时向上课学生直接反馈。过去听评课主要指向教，期待教师教学的改变带动学生学习的改变，而多元观教与研学重在教情、学情的双向改变，从间接反馈走向直接反馈，因为同样的问题反馈，学生往往会先于教师而改变。

课堂研究学生不能缺席。最有权评价课堂、教师的是听课学生。同时，邀请不同层次的学生代表参与观课议课，教师应放下架子，用平等的心态倾听学生。

向学生直接反馈观课建议。学情观察员除了直接向授课教师反馈学情记录外,还要直接向所在组学生反馈学情,从学的角度对存在的问题提出建议。各小组学情观察员协商后,还可以对整个班级反馈学情观察结果,同时提出改进建议和策略。

三、"六顶思考帽"

"六顶思考帽"是英国学者爱德华·德博诺开发的一种可以全面思考问题的思维训练模型。它提供了"平行思维"的工具,避免将时间浪费在互相争执上。运用"六顶思考帽",将会使混乱的思考变得更清晰,使团体中无意义的争论变成集思广益的创造,使每个人变得富有创造性。

"六顶思考帽",顾名思义就是六种不同颜色的帽子,放在合作教研的背景下,代表六个不同的观课视角,对教师教学活动进行有针对性的观察。

白色思考帽代表中立和客观,思考的是客观的事实和数据,在观课时要注意收集数据和细节;红色思考帽代表情绪、直觉和感情,提供的是感性的看法;黑色思考帽代表冷静和严肃,意味着小心和谨慎,重点发现问题所在,直击课堂教学中的痛点和不足;黄色思考帽代表阳光和价值,是乐观、充满希望的积极思考,以欣赏的眼光重点发现教学中的优点、闪光点;绿色思考帽是草地和蔬菜的颜色,代表丰富、肥沃和生机,指向的是创造性和新观点,主要是基于课堂教学中创新点的分析;蓝色思考帽是冷色,也是高高在上的天空的颜色,是对思考过程和其他思考帽的控制和组织,负责作出结论。蓝色思考帽要统揽全局,最后对所有评课人的评价和上课教师的教学进行综合性系统评价。

借助"六顶思考帽"这一思维工具,可以提高评课的针对性和效度,可以消除自我的偏见,集中更多的精力在某段时间做一件事情,可以更好地促进头脑风暴,可以有效听取别人的意见。

多元观教与研学的流程

多元观教与研学可以参考如下流程。

本着师生在课堂上都要进行自我反思、互帮互助，同时教师要专业引领的主导思想，先要建立教师评课团、学情观察团、专家评课团。也可由同年级其他班学生代表组成学生评课团、学情观察团，高年级优秀学生则组成学生专家议课团，在观教研学前简要听取上课教师的课堂设计理念、思路、目标。同时，几个评课团要分工到位，观课工具准备到位。

各团成员现场根据分工进行多元观教与研学，在不干扰学生、小组学习的基础上做好相关记录。尤其是学情观察员，要当好上课教师的"第三只眼"。

上课结束后召开多元观教与研学信息反馈会。

这一环节的流程，先是由师生两组学情观察团向观察小组直接反馈观察到的学情，同时对上课教师提出改进建议、措施。两组专家评课团也要直接对本班学生的表现进行评价和指导。

上课教师及学生、组长代表进行自我反思。上课教师主要谈设计理念、意图、成功及遗憾的地方，学生、组长代表主要谈目标达成度及个人小组表现。

师生两组学情观察团代表向上课教师反馈学情，只描述不评价。师生两组评课团要谈自己学到了什么，以及对教师的建议。两组专家评课团进行具体指导。

最后是教师、学生、专家三方平等对话。在专家对共性问题进行专业引领指导的基础上，所有人围绕"找出自己教学痛点、描述自己痛点、找到痛点方法"写出反思。

专家评课则要发挥其"变压器"的作用，变"高压"为"低压"，即使用理论工具解释具体的教学案例，把高深的理论通过通俗的解读，让一线教师易于接受；同时也要变"低压"为"高压"，即把一线教师的经验性叙述进行总结提升，上升到理论层面，找到对应的理论支撑。

多元观教与研学的七大走向

从校本教研走向跨校合作教研，有利于打破校内教研学术观点的同质化，打破同事之间的审美疲劳，进而实现教研动力的顺利切换。多元观教与研学作为校本教研和跨校合作教研的重要方式，让教研变得更加开放、更加落地。概而论之，多元观教与研学将完成"七大走向"的转型。

一是从观教走向研学。设立学情观察员，从观教走向研学。课堂研究应该基于学生、为了学生，从过去过度关注教师和重在评教，走向重在观察学情、研究学情，进而"以学评教"。

二是从专业立场走向学生立场。从过去基于教学研究、为了改进教师教的"专业立场"的评课，走向促进学生学的"学生立场"的评课。课堂研究不可忽视学生立场，应让学生成为课堂研究的直接受益者，因为改进教学的最终目的是为了更好地促进学生的学。

三是从评判与鉴别走向诊断与改进。评课目的从解剖别人、反思自己，提升到基于诊断、改进从而实现共同提升。课堂研究不能仅仅停留在评判别人和自我反思的层面，更要走向基于诊断而不断改进。多元观教与研学所提供的众多一手资料更有利于上课教师的课后复盘，有利于其改进、完善、优化自己的教学策略。

四是从单一视角走向多元视角。立体、多维、多主体的议课体系，让议课的真实性、客观性大大增强，也使传统的单一同质化观课视角逐步走向多元、跨界、改进、创生的全新视角。

五是从旁观走向协同。观课教师角色从旁观者转变为亲临者，使观课更加投入、专注。多元观教与研学，重在通过宏观、微观的不同视角，多尺度、多主体对真实教情、学情进行协同观察。

六是从重点看流程设计走向重点看学程设计。课堂教学不只是先学后教、少教多学这么简单的"学教翻转"，更重要的是在此基础上，教师能否设计出具有挑战性的问题，让学生真正经历学习。学程设计包含了"学什么"和"怎么学"，这是对教师专业素养的一大挑战。

七是推进传统的听评课从"结论＋举例"的演绎式点评，走向"案例＋分析"的探究式对话。

课堂改革是一道永远期待求解的未知方程。没有一种经验是一成不变的，都需要在实践中不断改进和优化。

多元观教与研学，可以更多地改进教、促进学。需要提醒的是：1. 听评课的升级迭代不是取代，而是优化。2. 每一个阶段对课堂关注的重点不同，观课评课的方式也不同。3. 跨校合作教研每学期可以尝试一次，日常的校本教研不必严格按照多元观教与研学的流程去做，可以简化执行，一切基于实际需求来选择教研策略和程序。

（作者王红顺系河南民办教育共同体理事长）

用教学切片助力深度教研

魏宏聚

课堂是教学现象发生与教学规律呈现的场所。因此，课堂研究是教学研究的主战场。课堂研究不仅为了改进一堂课的教学效果，还是教师专业发展的重要途径。虽然课堂研究是一个传统的研究领域与方式，但在广大中小学仍停留在经验层次，粗糙与形式化现象严重。近年来，一些定量观察的方式逐步被引入教学实践，比如借鉴专家制定的量表进行课堂观察，但又因操作烦琐没有实践性而广受争议。因此，探索一种实用有效又操作方便的课堂研究方法，具有极为重要的实践与理论价值。

教学切片分析的内涵

教学切片分析是一种崭新的课堂研究方法，是将录像观察与人工观察相结合，以定性视频分析的方式，通过提取典型的切片——教学行为片段，重现教学实践现场，以直观、真实的方式归纳出优秀的教学设计特点与要求，实现教学技能的提升与课堂教学的有效性。

"教学切片"一词受生物学、生理学"切片"概念的启发而提出，是碎片化教学设计行为片段，每一切片本质上包含某一相对独立教学技能的课堂教学行为片段。教学切片分析，是对一节课堂教学进行的分解研究，分解出的每一个单元被称为"切片"。

对课堂教学进行切片研究，来自行为主义对课堂教学的理解。在行为主义视野下，人的行为是可以分解的，并且可以有目的地进行训练。对于课堂教学而言，教学就是由一系列有目的的促进学生学习的教学活动事件组成的。课堂教学由一个个可以观察的行为组成，教学行为是可以分解的，并且是可以优化的，而有效教学是普遍有效的教学行为的组合与排列。因此，在对包含某一技能的教学行为片段单独"切出"后，其目的就在于分析、诊断，并提出相应的优化建议。

教学切片分析的程序与操作

教学切片分析作为一种课堂观察方法，基本的操作程序如下：

第一步：初步"切片"。初步"切片"环节是以人工观察和录像观察两种方式进行课堂观察，在这一过程中，人工观察是凭借听课人的理解、经验及研究主题，以人工的方式记录需要分析的教学行为。比如某一节课，值得分析的教学行为有情境创设、小组合作等，则需要记录这些教学行为的发生过程、操作步骤及典型效果。在人工观察的同时，录像观察精准地记录下整个教学过程。在这一步骤中，需要考虑一个核心要素——教学切片的框架和课堂观察手段。

教学切片的框架。课堂研究从资料搜集及资料呈现的形式，可以分为定量与定性两类。尽管课堂观察方法有不同的类别，但在具体运用中，都有一个大致相同的研究框架：课堂观察前的计划——课堂观察记录——资料分析及结果呈现。三个阶段中，每个阶段都有一些具体的步骤。这里的教学切片框架，类似于课堂观察前的计划，即我们将要观察什么样的教学行为。依据我国传统的课堂流程及结合新课改精神，在长期的教学实践研究中，总结出如下教学切片框架（见下图）：

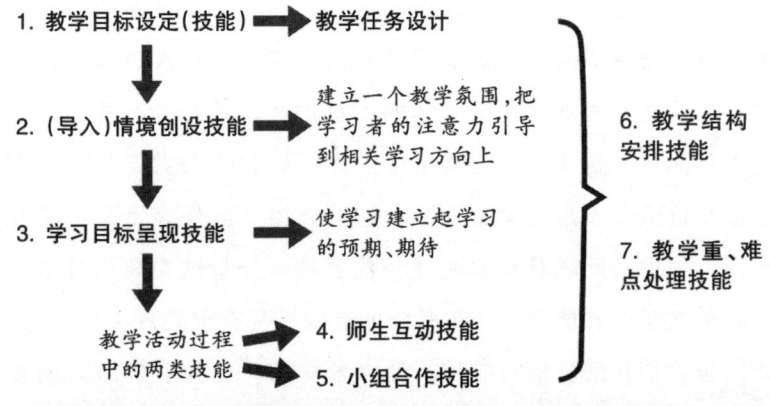

教学切片框架图

教学技能在教学活动中呈现的是教学行为,图中七个教学行为不分学科和年级,是所有教学有效性课堂体现的高效行为。这个框架确定后,研究者就可以有针对性地进行教学行为关注。但是,并不是所有的教学行为都具有分析价值。因此,这个教学切片的过程,是研究者对课堂教学过程"心中的分解"。哪些切片值得分析?这就需要研究者在现场观课时进行重点标注,并把典型切片的特征进行简要描述,为下面典型片段的分析做准备。

课堂观察手段。录像观察最大的优点是记录详细,教学过程的全部细节都可以完整记录下来,可以反复实现教学现场的重现。传统的课堂研究,往往是听课人凭借一支笔、一个记录本、个人的理解与经验记录信息,这种记录也被称为"田野笔记"。优点是重点突出,可以选择性记录且克服机械分析的局限性,但由于课堂教学的不可逆性,人工记录的不足往往由于时间紧迫而遗漏有价值的信息。在教学现场,教学切片分析由人工记录有分析价值的信息或框架,课后再结合教学录像进行详细、有针对性的分析。

第二步:选取典型切片。这类切片主要分为两类:优秀的典型片段和不足的典型片段。优秀的典型片段,代表了一线教师长期的实践经验,经过分析、归纳与提升，成为所谓的理论。这类理论具有特殊性，以经验为主，具有很强的操作性和实践性。这些优秀经验经过总结后，对于优秀教师本身是一种强化，使教师的无意识经验转化为有意识经验。对于其他教师而言，这些优秀经验由个人知识转化为公共知识，对更多的人产生借鉴价值。不足的典型片段，这类典型片段代表了某一类典型的教学设计，呈现的问题具有普遍性与代表性，分析这类典型片段，对于提高教师的教学设计能力，实现教学的有效性具有重要意义。

第三步：切片的分析与应用。课堂教学切片作为一种新兴的教学资源，是一种多功能课堂研究载体。

课堂教学切片分析，可以针对一节课，把这节课有教育价值的教学细节、教学行为进行深度展示与分析，最终实现教学的有效性。以本人为例，通过观看自己的教学实录及切片，可以看到自己在教学中的一切表现，如教学重难点处理、师生互动的优缺点等，当然也包括自己语言上的优缺点，以及下意识或无意识的动作表现等。对于教师而言，反复研究自己的课堂切片，能起到说教、报告、培训等无法替代的作用。

不仅如此，教学切片分析也可以进行教师教学技能专题训练，以专题的方式搜集某一技能的有关视频，并对教师进行培训。这一功能类似于微格训练，以录像为载体，生动、真实地呈现了某一技能的特点及操作注意事项。比如，一位地理教师在区内专题教研活动中，结合听过的《黄河》一课，对提问的有效性进行了专题分析：根据本节课教学实录，第一步进行切片，以问题为单位，主要切分了30多个课堂提问片段；第二步，从比较中评析提问的优劣得失。

教学切片分析的意义

教学切片分析是对传统及当前课堂研究方法的继承与创新，体现在以下几个方面：

其一，融合了定性与定量课堂研究的优点。传统及当前的中小学课堂研究主要是定性研究，依靠眼、耳感官记录课堂的教学信息，这种研究方法最大的不足是记录缺乏客观依据，经验性、主观性强。定量课堂观察是基于实证主义的方法论展开研究。当前主要依靠特制量表进行观察，其优点是相对客观量化，避免经验与主观，不足是需要专业训练，且操作复杂。在现实的课堂研究中，定量观察在中小学应用较少，多是专业研究者采用。

教学切片分析记录信息的方法，将田野记录与录像观察相结合，分析框架为田野记录确定了基本的分析主题，田野记录选取的典型教学行为，又为录像切片指明了对象。通过录像切片可以反复进行细致的诊断，既可以进行定性诊断，又可以进行定量统计。因此，教学切片分析是定性观察与定量观察的结合，两者的优缺点相互弥补。

其二，改造了传统的微格训练。教学切片分析，可以理解为视频训练，即利用教学视频案例对教师进行培训。在国外，教学切片分析的前身是课堂教学录像分析研究，比如微格教学即是典型的视频培训。但不同的是，微格教学的训练是自上而下的，先由专家预设某一个教学片段，然后要求教师按照专家的要求设计某一个教学片段并实践，最后再由专家提意见。反复循环训练，直到满意为止。这一训练模式，在中小学是无法实现的，一是教师没有固定时间进行主题鲜明的录像；二是微格设备要求较高，许多中小学无法满足。

教师技能视频切片对此进行了改造：第一，视频来源于教师的常态教学录像。对于一线中小学教师而言，上课是他们的"主业"。因此，对这些教学现场进行录像分析，资源丰富，且没有额外增加他们的工作负担，操作起来具有可行性。第二，教学切片分析，所用的工具设备简单。工具可分为两类，一类是硬件设备，基本上一个便携式录像机即可，价格便宜,中小学都可以购置;另一类是软件设备,比如视频剪辑、整合与转换软件,这些软件应用广泛、免费使用且操作简单。

其三,具有强大的团体校本研究潜能。一般意义上的课堂观察方法,研究对象是以一节课为分析对象,其主要功能指向某一节课的诊断,用以优化教师的教学设计,提升教学效果。教学切片分析,不仅是对一节课的课堂观察方式,还有多种研究视角,以学校或学科为单位大范围开展课堂研究,这是一般意义上的课堂研究方法所不具备的。下面,提供两个分析纬度以开展校本研究。

以课堂为单元线索进行整节课的"切片"研究。第一,单独分析某一节蕴含某些教学技能的典型课堂。这里的典型包括成功的典型或不成功的典型,通过对这些典型教学设计片段进行分析,让授课教师及参与培训的教师明白什么是好的教学技能,归纳出该教学技能在课堂教学的设计要点及容易出现的问题。

以某一教学技能为单元线索进行多节课的"切片"研究,可以就某一教学技能,对多节课堂教学录像片段或多位教师的教学设计片段进行综合和比较研究。由于横跨多个课堂和多个教学内容,因此研究结果更全面,更具有说服力。

教学切片分析是研究者在长期的一线教学研究中摸索出来的一种课堂研究方法,它充分利用了"视频分析"的优势,又突破了它的不足,同时也改造了传统的经验性课堂观察方法。当然,教学切片分析虽然具有强大的校本研究价值,但它的具体操作程序仍需在实践中进一步探索和完善。

(作者单位系河南大学教育科学学院)

一个案例读懂切片教研中的细节

林春英　刘爱军

课堂教学改革非一日之功,需集各方之力。山东省寿光世纪教育集团的课堂教学改革,在初期的半年时间,已经达到了一定的水平。学校创新了一套切实有效的课改办法,并称之为"八大策略"。下面就其中的策略之一"切片教研"做简单阐释。

"切片教研"首要的三大特质是"真""时""细"。"真",要求研究的问题是自己真实遇到的;"时",要求研究的问题是当下能力范围内能解决的;"细",要求把当下的真实问题细化分切,微观放大,进行观察、辨析。

"切片教研"的操作流程分为六步:"演—切—辩—改—定—型"。

第一步:演。演就是还原课堂,再现真实,把真实的问题演出来。演员全部是教师,围绕某一个主题或问题,同学科、同年级的教师形成一个"剧组"。比如一年级语文"剧组"演"一类字"学习:利用人教版教材第二册第二课《春雨的颜色》剧本,所有一年级语文教师当演员,教研组长演教师,其他教师演学生。

师:现在我们学习第二课《春雨的颜色》,请同学跟老师一起读学习目标。

生：齐读。

师：快速看一看导学案上有没有自己看不懂的地方。不懂的请举手，如果没有问题就开始独学。

（学生快速浏览导学案，开始独学。从独学到对学再到群学一直到备展，所有学生规范每一句话、每一个行为动作，全方位演绎真正的学生在课堂的学习全过程，教师也一丝不苟地调查学情，指导学生。）

（学生抽签得到展示内容，马上将内容写在黑板上。A组1号学生在黑板上认真书写"你"并注音，2号学生并排写"们"并注音，3号、4号学生在自己的座位上利用黑板贴分别给"你"和"们"组词，并写在对应的生字下面。B组学生与A组学生同样分工，在黑板上给"红"和"绿"注音，C组学生也与A组学生类似，在黑板上给"花"和"草"注音）

师：时间到！在黑板上注音的各位学生留下一组展示，其他学生归位坐好

B组4名学生齐声："我们是见贤思齐组，下面由我们组展示。"

（1号学生手指自己小组的板书接着说："红，hong（拼读），红可以组成词语：红色，例如我的衣服就是红色。"2号学生："红是左右结构的字，它的部首是绞丝旁；书写红字要按照从左至右的笔顺规则，先写绞丝旁再写工，绞丝旁写在田字格的左半格，要高；工的短横从中心起笔，要写得矮，长横要伸过竖中线。"3号和4号学生基本按照1号和2号学生的流程展示"绿"字，最后还要点明"绿"的右下部分容易错写成"水"。）

4号学生："我们组展示完毕，请提问或补充。"（其他学生补充）

师：今天我们学习了6个生字，3个部首，同学们有什么收获吗？

（学生谈收获）

第二步：切。当一年级语文"剧组"关于《春雨的颜色》演出结束后，一般要选择语文学科水平较高的教师充当总导演，带领教师们对当下课堂进行细致思考，形成问题链，这就是切。切的问题要准、要细，要切出价值来。比如上面的课堂经过导师引领，切出这样几个问题。

问题一：同学补充的词语是否正确，需不需要判断？如果需要，怎样落实？

一年级学生的主动听、积极读是他们开展有效学习的关键因素，除了在评价上下功夫，我们是否也要在展示流程上进行琢磨？比如，一个小组展示时，其他小组不仅有提问、补充、挑战的权利，还能当裁判，判定展示学生的生字读音是否正确，还不能打断同学的展示。那么，是否也可以在判定后再点评呢？这样就把领读变为展示，把跟读变为裁定，整个学习性质也发生了变化。

问题二：一年级展示组词是展出了重点，那有没有办法让展示的字词更靠近考点？可以"红""绿"为例进行思考。

问题三：教师的范写是不可以丢弃的，以什么方式出现，在哪儿出现比较合适？

第三步：辩。针对切出的问题，所有参与教师互动交流，提出自己的见解，集思广益，争取找到最佳方案。

第四步：改。请其他语文"剧组"根据自己年级的学生特点，修改一年级语文"一类字"学习研究，15分钟后演出，只演不同点。

第五步：定。通过辩和改之后，导师可以带领教师对切出的问题形成定论。

问题一的定论：如果学生补充的词语正确，跟着读一遍；如果错了，所有学生都不出声，展示的学生就要反省。

问题二的定论：最先组成的词是反义词，其次是出现在同一课文中能够成词的生字，再次是与学过的字组词，最后才是与没有学过的字组词，可以用拼音。

问题三的定论：教师有两次展示机会，一展优秀学生作品，大家一起欣赏；二展易错字或学生没有写好的字的书写，与学生一起品议。

第六步：型。在前面的问题形成定论、获得解决的基础上，再把这些问题定论还原到完整的课堂上，并且形成详细的课堂教学流程。当一个个主题的学习流程形成时，课堂流程变得丝丝入扣，课堂思考严谨有序，"切片教研"也就真正达到了目的。

"切片教研"不仅用于课堂流程的研究，所有需要解决的教学问题都可以采用这样的方式，尤其适合课改初期的教师合作研究。

（作者单位系山东省寿光世纪教育集团）

任务驱动课堂的三重境界

严育洪

课堂管理是教师为了完成教学任务、协调人际关系、改善教学环境、引导学生学习而采取的一系列教学行为方式。在教学中,教师常常通过评价实现课堂管理。但我认为,这样的课堂管理更多是一种外驱力使然,学生有着一种被管的不适感。那么,有没有一种办法可以把管理由重"管"转向重"理",最终实现学生的自我学习管理?

任务驱动是一种建立在建构主义教学理论基础上的教学法。建构主义教学设计原理强调:学生的学习活动必须与大的任务或问题相结合,让学生在真实的教学情境中带着任务学习,以探索问题的解决方法,驱动和维持学习者学习的兴趣和动机,在完成实际任务的过程中完成知识的学习,并从中发展认知能力和处理问题的能力。建构主义理论指导下的抛锚式教学认为,教学要创设真实的、具有挑战性的任务,从而使教学建立在有感染力的真实事件或真实问题的基础上。

一重境界:实现学生学习的自告奋勇

在任务驱动式教学中,有挑战性、有感染力的大任务、真任务,就会产生强大的吸引力,驱使学生全身心投入到问题的探究和任务的完成之中。地产商潘石屹说："人最好的状态是探寻状态，你会发现许多人在不同的领域探寻同一真理，受同一'光源'的吸引，在黑暗中你也不会孤独。"当学生受同一"光源"（同一目标任务）的吸引，他们就不会孤独，而会同心协力朝着相同的目标前进。也就是说，任务是教师抛出的"锚"，锚定了学生为之孜孜不倦的整个学习状态，直至任务的完成。此时，从某种意义上说，正是依靠任务的强大驱动力，实现了学生的自我学习管理。

回头看传统的课堂教学，正是因缺乏挑战性而常常让学生感觉无聊，也容易分心，此时教师只能通过组织教学让学生回心转意，然而强扭的瓜不甜，维持的时间也长不了，于是导致课堂必须依靠管理。而在任务驱动式教学中，任务的挑战性可以打败无聊，探究本身就是一种"活在当下"的姿态，是对抗麻木的最佳武器。在学生努力完成任务的过程中，学习不可能是无聊的，他们不再需要教师过多的课堂管理，而表现为一种自理。所以，与其把管理作为一种任务，还不如把任务作为一种管理，它既是教学的资源，也是教学的线索，还是课堂管理的方式。

任务驱动式教学中的"任务"如同一把钥匙，让学生开启自身动力系统，全身心围绕中心任务"运动起来"，主动去探寻知识的钥匙，打开知识的大门，最终完成任务。

二重境界：实现学生学习的自知之明

传统课堂教学中，学生往往缺乏"知情权"。学生这种"不知情"的学习状态，正如台湾著名作家和医师侯文咏在《如果生活是个抽屉》一文中描绘的："在那个当下，自己带领你走到目的地的，只有内心那个隐晦而模糊的召唤。"也就是说，学生对知识的未来以及学习的未来是模糊的，学生的脑袋如同"抽屉"，被动接受着教师的知识管理和课堂管理，缺乏学习的自主权。

在任务驱动式教学中，学生的自主学习管理还表现在对学习拥有"知情权"，具体表现在：学生上课时就知道学习的目标在哪里；一开始就知道学了有什么用。上述两点实际上是让学生从一开始就知道"为什么学习"，而传统课堂教学的弊端常常是学生跟着教师走，走到最后才知道最终是什么和最终为了什么。

美国学者齐莫曼提出了一个系统的自主学习研究框架，共包括6个方面，即"为什么学""如何学""何时学""学什么""在哪里学""与谁一起学"。任务驱动式教学，首先解决了"为什么学"这一首要问题，让学生拥有了学习的知情权，并由此产生学习需要，继而指导学生制定包含"如何学""何时学""学什么""在哪里学""与谁一起学"的学习方案，让学生拥有学习的自主权。

也就是说，任务驱动式教学能让学生从一开始就能看到知识的全局和布局。哈佛大学教授蕾·兰德和简·迈耶提出了"门槛"概念，即一种能一上来就辨明方向，并能直接进入全局实践的学习体验。任务驱动式教学能让学生产生这种"门槛体验"，即学生知道自己在做什么。由此，学生便可以获得一种有意义的激励，从而助推自身的学习，实现学习的自我管理。

学生对学习的"知情权"还表现在知道自己学得怎样，从而对学习进程和学习进度了如指掌，对自己所获取的知识和技能是否足以解决问题并完成任务能做到心中有数，对自己的探究方向是否正确、探究方法是否有效做到胸有成竹。任务驱动式教学能使学生随时对学习过程进行调控，对学习结果进行反思，也就是对自己的学习状况进行自我评估，对自己的学习表现进行自我评价，最终实现对自己学习活动的自我管理。

三重境界：实现学生学习的自得其乐

　　传统课堂常常只把知识教学作为中心任务，而任务驱动式教学在关注知识的同时，还为学生指明了目标，并且把磨炼学生意志纳入课堂管理的内容。

　　当学生拥有了强劲的学习力（包括学习动力、学习能力和学习毅力）之后，就更容易获得学习的快乐——体验知识的价值，体现自身的价值。例如，在中国教育学会第 28 次学术年会上，芬兰驻华大使馆教育与文化参赞 Mika Tirronen 说，芬兰有一位化学教师，思考为什么自己班级每次考试总有一半学生不及格，他后来改变教学方式，不再上课了，也不再布置作业了，但是他给孩子们设置任务，让他们采取基于问题的方法去学习。教师不再是传递知识者，而是咨询师，帮助学生学习。等学生再考试时，孩子们都及格了。

　　可以说，自得其乐是实现学生自我学习管理的重要"激素"。在任务驱动式教学中，挑战训练不仅能够提高学生的技能，而且能够让学生获得一种完美体验的心流。心理学上的"心流"是形容人的一种心境，出现在"努力往一个目标迈进，并感觉到自己可以做到它"的时刻，心情如流水，顺畅地达成目标。

　　在任务驱动式教学中，心流体验的获得离不开迎接任务挑战后的满足，它可以引发学生对成功后快乐的期待，从而让自己的学习心无二致，此时何须教师再"管"？许多时候，这种追求的快乐并不是因为最终追求到了知识结果，而往往是追求知识的过程体验。这就类似于幸福并不是房子有多大、钱包有多鼓，而是追求幸福的过程。因为多巴胺实际上是关于快乐的期待，而不是快乐的结果。由此，研究表明，当学生处于心流体验状态时，学习活动的过程本身就是一件快乐的事情。

总之我认为，课堂管理，"管"是为了"理"，在理顺师生之间关系的同时，更好地厘清知识之间的关系。课堂管理的最高境界是学生学习的自我管理，而要实现这一点，我们不妨尝试把管理任务变成任务管理。

（作者单位系江苏省无锡市锡山教师进修学校）

观课议课的文化标识

陈大伟

观课议课是一种改进课堂教学、促进教师专业发展的研修活动，有其自身的文化标识。文化的内在核心是价值观念，外在表现是行为方式。"标"的作用在于指示和引领，"识"的作用在于改进和区分。观课议课主要有以下文化标识：

人际"和"

"和而不同"出自《论语》。"和"意味着和谐，意味着和睦，也意味着合作。"和"是一种方式，是一种氛围，是一种力量，也是一种境界。中国古代哲学特别注重和谐，不仅以自然和谐为真，以人际和谐为善，以天人和谐为美，而且把和谐作为人生的幸福境界和价值追求。我们把"和"看成观课议课活动生发课堂教学研究质量和效益的土壤，也把"和"看成观课议课试图达到的一种境界。

从目标动机看，"和"强调参与观课议课者心往一处想，并为同一个目标共同努力。观课议课是以课堂教学为载体和平台，理解教学、改进教学、创新教学的对话活动，它的主要目标不是对已经发生的课堂教学进行判断、作出结论，而是为了让参与者思考和研究，在未来的教学实践中，如何上出更加理想的课，以追求更加理想的课堂生活方式，实现更加理想的教学生活。它是参与者自我成长和帮助他人成长的目标整合，是自助、他助和助他的互动与统一。要达成有效的观课议课，参与者需要建设和发展一种"互相培养的合作性同事关系"。

从参与者的行为方式看，"和"意味着对在场他人的理解、尊重和保护。这种尊重和理解，体现在尊重他人的发言与观点，理解他人的处境和立场，欣赏他人的思考和创造，在对自身经验保持开放中接纳他人，给他人机会，以成全、成就他人，保护彼此参与观课议课、讨论教学问题的积极性和主动性。

求"不同"

在《论语》的"和而不同"中，"不同"指不人云亦云，不盲目附和与苟同。"和"并不是同质，也不是没有差异，而是要尊重不同和差异。从语言学上讲，和谐来自音乐，音乐即不同的声音"和"在一起，如果没有音调的差异和变化，声音就会因为单调而失去动听之美。和谐亦如美食，不同的作料和烹调方法，才能做出风格各异的美食；和谐也如美景，"万紫千红才是春"，如果只有一种颜色，那就说不上和谐。从这个意义上讲，和谐与同一性是相对的，它是要求有差异的，是"不同"的。

求"不同"，首先基于对课堂教学本质的认识和理解。一方面，教学受多种因素影响和控制，具有发展变化的多种可能，没有唯一。另一方面，教学改进并非仅仅是认识问题，而要在认识的基础上改进问题；教学活动对教师具有生命价值和生活意义；生命价值的存在和选择、生活意义的获得和创造，本来就是丰富多彩的；基于生活的特殊性，需要给"不同"留空间，需要存"不同"。求"不同"，意味着议课的目标不是在不同意见和方法的"多"中求"一"，而是在现有课堂教学方法的"一"

中探讨出"多"的可能。"多"既为参与者的自由选择创造条件，同时也为参与者的自由创造留下空间。

单一性是生机和活力的杀手，有碰撞的思想交流才能产生新的思想火花，才能产生新的智慧。只有用不同的观点和经验，才能刺激和引起对原有经验的反思。观课议课的效益源于相异的信息与经验，以及由此激荡的讨论和反思。

从参与者的行为方式要求看，一方面，我有"誓死捍卫你说话的权利"的责任，另一方面，我又有"不同意你说的话"的权利。在尊重他人的同时，参与者又要尊重自己，在议课时自信而不封闭，虚心而不盲从。

在观课议课中，"不同"意味着参与者独立思考，承认彼此的差异性，鼓励参与者发出"不同"的声音，尊重"不同"的方式，理解"不同"的表达，接受"不同"的结果，在差异性和多样性对话交流中，激发人的创造性和超越性，强调尊重和张扬人的理性和自由精神。

致力"思"

法国思想家帕斯卡尔说："人是一根能思想的苇草。"本质上，人因思而变。与评课多用"句号"比较，议课强调多用"问号"。句号用作陈述和评定，问号引起对话和反思。

"思想"用作名词与用作动词的区别，是议课中"他思"与"我思"的区别：思想作为名词的时候，议课教师处于接受和消费他人思想的被动状态；把思想激活到动词状态，就是让参与者置身其中，以更加自觉而主动的方式，关注和反思自身的教学观念、作为和效果。强调"我思"的重要性，一是承认和强调"我"的独特价值；二是未来的"我的教学"需要"我"——而不是议课中发言的他人——来执行，对"我"自己负责需要"我思";三是"我"的教学毕竟具有"我"的独特性,"他思"并不能真正解决未来难以预料的"我"的问题,"我的教学实际"需要"我思"。

观课议课促进教师教学思想升华。首先是尊重教师思想的权利,为参与者的思想活动留下空间;其次是通过参与者的思想交流碰撞,实现议课的质量和效益,在彼此的理性争辩中实现更加合理有效的教学;再次,议课的任务还在于促使教师成为反思性实践者。我们坚信,在自觉而主动思考自己的处境、现状、角色、使命和前途之后,教师可以更快地走向幸福快乐的人生道路,可以更加积极地主动为光明而美好的学生前途承担责任。

从"教师成长=经验+反思"中,我们会发现,成长中的思想有"获得经验之思"和"反思经验之思"。"获得经验之思"是认识行动和行动结果的关系,建立彼此之间的联系,并以这种对关系和联系的认识去规划设计未来的行动。以获得课堂教学经验为例,对自身课堂教学中教育观念、教学设计、教的行为、学的行为、学的效果之间联系和关系的思考是获得直接经验,观课活动中对他人教学中这些关系的思考可以获得间接经验。"反思经验之思"的对象指向经验,在"反思经验之思"中,经验者对经验的依据、过程和结论进行深入、持续、批判性审视,从而超越原有经验的狭隘、肤浅和错误。促进这种反思,需要其他经验的引发和刺激,实现这种超越,需要其他经验的映照与比较。议课意味着他人经验的参与、彼此经验的交流,在超越实现自身经验的议课过程中,参与者实现的是"反思经验之思"。

追求"诗"

德国诗人荷尔德林曾说:人生充满劳绩,但仍诗意地栖居。"思"是人的生存方式和手段，"诗"是人的生活目标和归宿。我们认为，"诗意的生活"是一种富有理想和希望的生活，是一种对自身当下处境顿悟，并由此而自由创造和不断超越的生活，是一种超越世俗功利欣赏、转而欣赏自身创造力量的审美生活，是一种因为创造和超越而享有愉悦、丰富和充实的自由精神生活。

课堂教学是教师永远未完成的一种创造。坚持发展开放的课堂教学观，观课议课以"思"为基础，促进参与者为未来教学而创造，在自由创造中追求诗意生活：因为课堂永远未完成，所以对现状永远不知足，对课堂教学永远有梦想和希望，对美好生活永远有追求和行动……因为教学是创造，所以需要在教学中激发和放飞想象力，让未来充满希望；需要在观课议课活动中鼓励和支持创造，让精神更加自由，让明天的生活在自由创造和超越中更加美好！

在观课议课文化中，"和"是前提和基础，"和"了大家才愿意坐在一起。"不同"是策略、手段和过程，"不同"为"诗"的创新和超越创造条件。"思"是核心和纽带，是有所发现、有所创造的前提。"诗"是教师生活的终极目标和效果。

（作者单位系成都大学师范学院）

课堂管理的三个策略

王红顺

随着现代课堂的构建及学校文化的成熟,迫切要求课堂管理的转型与突破,即从传统课堂管理走向现代课堂管理;从一维管理走向多维管理;从结果管理走向过程与结果并重管理;从粗放型管理走向精细化管理;从强权、冷漠、威压的"官本位"管理走向民主、亲情、信任的服务管理。现代课堂需要拉长管理链条:学校层面的宏观、间接和导向性、辅助性管理;教师层面的微观、直接、预设与生成统一的主导性管理;学生层面从课堂被动消费者到课堂贡献者、创客者的自我参与性管理。笔者仅从校级层面提出与现代课堂理念相匹配的三条策略。

【集体会诊,微信互动观课、议课,全程说课,自我反思,都有助于激发教师的文化自觉,成就"有文化"的课堂。】

策略一:课堂解剖、会诊、反思的精细化策略

【方法1】依据数据进行实效的西医式集体会诊

(1) 10人以下人人发言,不准重复别人观点,10人以上抽签发言;

"3+1"析课，即举一个优点同时要说出三个缺点、不足、建议或自己的三个困惑；要求与会教师必须人人发言，且不能重复别人的观点。（2）遵循流程：先整理现场记录，写出自己的发言提纲；执教人谈体会：设计理念，成功或失败的地方，假若再参会该怎么改进；同行"3+1"析课讨论；倾听课堂主角学生代表的看法；专家高水平点拨引领；最后与会者各自写出此次析课的二次反思。（3）细节要求：每个人发言结束，6秒钟掌声致谢；发言有事例支撑，少说空话；借助观察工具量表剖析课；讨论要有理有据；每次活动轮换做主持人；活动结束，每人发表一句话感受。

【方法2】节省时间的微信直播互动观课议课

组织观课的领导（教导主任或教研组长）先在手机微信上建立一个微信群，观课教师加入该群；观课时，专家像足球比赛的解说员一样在微信上进行同步点评；观课教师可以借助录像、语音、手写工具，对观察到的现象发表自己的看法；对自己不明白的地方向专家或同行同步咨询；也可以对专家、同事的观点进行质疑、论辩；还可以对某个环节提出改进建议；也可以定量定点观察一个小组，分阶段提供数据及分析。观课结束后，观课教师将议课意见上传，执教者也要上传课后反思。

【方法3】助推青年教师成长的全程说课

全程说课是在传统说课基础上进行"上挂""下联"。"上挂"指的是把备课过程中教师阅读、思考形成思路的方法和过程完整地呈现出来；"下联"指的是对课后的反思、教案的修订以及对课堂出现问题的补救措施进行研讨。全程说课要做好"三说"：说公开课教案是怎样"备出来"的，说公开课教案在课堂是怎么"活用"的，说公开课上完后采取了哪些补救措施，反思改进的着力点在哪里。

【方法4】自我反思的课后复盘

在没有行政评比也没有同行参与观课的前提下，每学期学校在录播室为每个教师录制常态课,让教师闲暇时自听、自议,即让教师进行"课堂课后复盘"——通过定格、回放等技术,还原当时真实场景,师生把当时上课的过程回放一遍,同时思考:当时是如何想的?为什么要设计和实施这一步?怎样设计、实施才是最佳方案?(教师也可自己使用设备录制)

课后复盘对提升师生课堂驾驭能力同样具有意想不到的作用。对教师来说,首先可以发现自己习以为常、但对课堂有不良作用的口头语及一些不雅的体态语言;其次可以对自己的点拨语言、提问语言、评价语言、过渡语言等课堂语言运用情况进行自我评估;再次可以寻找实施现代课堂的流程(出示学习目标、实施学习目标、检测学习目标)及手段(导学、独学、合学、展示、点评、质疑、点拨等要素)的最佳组合;最后,可以通过教师的文化自觉成就"有文化"的课堂。此外通过临帖、入帖、破帖阶段课堂状况的"可视性"对比,增强自己实施现代课堂的自信心与成就感。

【优质的评价是催生人才的助产婆,不当的评价是扼杀师生智慧的刽子手。课堂评价,要注重学生的参与、学生的"最近发展区"、评价的动态性特点。】

策略二:课堂监控的阶段性、动态性评价策略

首先,现代课堂上师生评价是从传统的甄别、鉴定、评判功能转向诊断、促进、发展的新功能;其次,通过评价要评出一种精神,评出一种导向;另外,评价不仅仅在于解决课堂的问题,更在于重新构建学校的一种民主、向上、求真的新文化。可见,课堂评价是为了激励师生更好发展。评价是武器,评价是导向,评价是引领。优质的评价是催生人

才的助产婆，不当的评价是扼杀师生智慧的刽子手。

课堂评价重在明确评价原则。主要包括：

以学评教原则：以学生在课堂的表现映射、反馈、倒推、评价教师的教学；最有权评价教师的是学生，因此要加大学生对教师评价所占的权重。

捆绑制原则：抽查一个教师的工作情况，该教师积分代表本组全体教师积分；若一个教师违反相关规定被扣分，则该教师所在学科组、所在年级均按同等分数扣分；考评时，先考评集体工作的名次，再考评教师个人名次。

层级纠错原则：把问题解决在基层，且要在最短时间内解决。若问题自己发现，自己改正，不扣积分；若被备课组长、级段组长、督察组发现，扣分要翻倍。

动态性原则：体现在指标的动态性、权重的动态性、考核层次的动态性及方案本身的动态性四个方面。具体来讲，考核指标不能面面俱到，根据实施高效课堂工作的薄弱环节及"最近发展区"原则，确定几项重点指标，同时加大管理者倡导的、教师经过努力能达到的指标所占权重，体现方案的导向性。如果教师都能达到的指标，下次可以舍去，大部分能达到的指标可以降低权重；如果没设置的指标或权重过低的指标被教师"忽视""淡化"，下次就可以添上或加大权重。这样，通过这种螺旋式递进的动态考评策略，引导教师克服惰性，向高层次发展。

多元累计加权平均考评原则：变单主体、单效度、低效能的粗放型、封闭型管理为多主体、多效度、高效能的集约型、开放式管理，为教师业绩考核实行"阳光操作"搭建平台。具体来讲，考评数据采集渠道有：督查组、备课组长、级段组长、科室负责人、学生自管会、教师自管会等。

过程性原则：变终端管理为过程管理。如教学效果这项指标，一方面，既要考核所教学生的成绩，又要考核为取得好成绩所采取措施的合理性及学生所付出"代价"的必要性；另一方面，既要考核所教学生的绝对成绩，又要考核所教学生的相对成绩，也就是要重视所教学生成绩的进步幅度；既要考核所教学生的显性成绩、近期发展，又要考核所教学生的隐性进步、长远发展。

全面性原则：目标设置及考核结果处理要全面，既设单项奖，又设综合奖；既设名次奖，又设进步奖。

实用性原则：考核方案既"中看"又实用，操作方便。

对现代课堂师生评价要用动态、科学、可持续理念制定评价方案。初期放大评价，中期变化评价指标，后期逐步去评价。

初期放大评价的含义是，要把评价作为指挥棒，要什么、评什么，缺什么、评什么、评什么、有什么；要特别重视评价，做到堂堂评、日日评、周周评、月月评，评价要构成链条，起到累积效应。

中期变化评价指标的出发点，即没有任何一种评价是万能的，师生对评价总是"喜新厌旧"。变化的目的旨在改变师生对初期评价的好奇、重视、分分计较到现在无所谓、厌倦、麻木的心态，破解师生课改进行一段时间后的倦怠问题。

后期逐步去评价，目的是实现课改主要靠外部评价驱动转向以精神、信仰的内在驱动为主。

【共创、共享课堂资源，让好课堂里出故事、出性格、出精神、重体验。】

策略三：课堂资源共创、共享的团队合作性策略

【方法1】对课标、教材的立体解读

立体解读具有四层含义：一是所有纳入教学的内容都要解读；二是

所有的解读都要进行教学资源梳理分析；三是所有的教学资源都必须与课标要求结合；四是所有问题的解决都必须说明路径和方法。三级对应内容——学科教材与课标的对应解读；单元内容与单元要求的对应解读；篇章内容与篇章要求的对应解读。解读原则——拆解结构、拆解内容、归类编组、查清资源；依标定位、主次编号、判定要点、问题排队；弄清同类材料之间的关系，进行材料、问题与课标对接；确定解决问题途径，认定问题解决结论；确定匹配拓展资源，确定全程教学流程；规避教参教辅，换位透析教材，弄清内部肌理，力求知其然并知其所以然。

学科教材对应课标要求解读的内容有：学科教材按照什么样的知识结构或模块编排？结构（模块）之间内在联系是什么？教材的课标要求有多少？其中基础知识类要求有多少？生成训练有多少？理解感悟有多少？其他要求有多少？以此类推：全册教材有多少基础知识训练要求？有多少生成训练要求？有多少理解感悟训练要求？其他要求有多少？你能把教材中同类的内容材料抽取归类吗？如：多少人物、多少景物、多少心理、多少动作、多少语言描写，以及多少例题、多少公式、多少概念、多少单词、多少短语、多少句式……你能够将教材内容、问题、方法与课标具体联结吗？你能按照以上要求说教材吗？你能仿编教材吗？请尝试把以上解读内容撰写成文，编辑成册。

单元内容对应单元要求解读的内容有：本单元内容围绕什么主题展开？贯穿本单元内容的主线是什么？辅线是什么？主题下有几方面的小主题？单元内的篇、章、节各承担了哪方面的呈现主题思想的任务？本单元内容组织的结构有什么特点？能归纳出一般规律吗？主要运用了什么写作方法、修辞方法、解题方法？它们的共性在哪里？不同点在哪里？本单元内容选材有什么共性？有什么不同？你能对其中的材料进行替换变动又不影响主题吗？本单元有多少基础知识？有多少生成训练内容？有多少感悟理解内容？本单元需要突破的问题有几个？怎样突破？本单元课标要求有几条？能够与相关方法、内容、问题对接吗？你能谈谈编者的编写意图吗？让学生仿编本单元内容，积累拓展训练内容。要求对以上问题列表呈现。

篇章内容对应课标要求解读的内容有（拆解教材结构，画出结构图；拆解教材内容，归类清点，列表呈现）：本篇章课标要求有几条？基础知识生成训练有几条？感悟理解各有多少条？哪个课标要求是内容主线？哪个是重点？哪个是难点？突破点选在哪里？本篇章解决主题的主要方法是什么？还有什么方法？各个材料内容之间是什么关系？本单元内可对比联结的其他内容有哪些？本篇章经典性内容方法有哪些？能说明其中的方法、特点吗？能否让学生仿写、置换、调整教材内容又不影响主题吗？本篇章基础知识有多少？生成训练有多少？理解感悟有多少？本篇章与本单元其他篇章在一般模式上相比有何区别？

【方法2】集智备课

集智备课有五种方式。方式之一：个人"初备"—备课组"集备"—个人"复备"—课上"续备"—课后"补备"；方式之二：初备—集体交流—形成"共案"—"共案"的个性化处理；方式之三：主备人备课—集体研讨—个性化导学案—集体反思；方式之四：集体研讨—分工备课—集体完善—形成个案—个人反思；方式之五：熟悉教材、提出问题—中心发言、把握重点—共同研讨、解决问题—形成预案、分发教师—结合实际、二次备课—课堂实施、信息反馈—教后反思、理论提升。

集中备课抓好"五个方面"：其一，站在"学者"角度进行教材分析和文本挖掘，包括知识点、重点、难点、知识联结点、课程资源的开发、个性化解读等；其二，说明教学过程设计意图，让同伴明白你为什么要这样设计；其三，分析教学环节设计是否符合高效课堂教学模式的一般要求，重点放在目标达成与重难点突破的设计分析上；其四，说明问题设计及意图，对课堂有效生成性问题进行预案准备；其五，提出备课时的困惑和问题。

个人"复备"(个案)突出"备学情";课上"续备"(续案)突出"备生成";课后"补备"(补案)突出"备反思"。

【方法3】梳理课堂境界、好课标准

课堂有三重境界:生动型,教师讲得生动(讲授式);互动型,教师主导下的自主、合作、探究,是为教服务的(互动配合、启发式);自主型,学生小组主导的自主、合作、探究,是为学服务的(发现、探究式)。

评判一节课的优劣有哪些维度呢?好课是流程清晰的课,是看得见思维痕迹的课。好课堂里出故事、出性格、出精神、重体验。

好课的10个视角:(1)从教学的出发点看:是学科意识,还是课程意识?是教学意识,还是教育意识?是教书意识,还是育人意识?(2)从课堂的立意看:是教师教会的课,学生学会的课,还是学生会学的课?是教师讲得生动的课,师生互动的课,还是让学生更好发挥能动性的课?换言之,是抱着学生走的课,扶着学生走的课,还是引导学生自己走的课?是单一传授知识的课,培养思维、启迪智慧的课,还是点化生命的课?(3)从学习目标的设计看:是教师或教研组(备课组)研究预设的学习目标(目标公有制),师生协商制定的学习目标(目标股份制),还是学生根据自己的起点、兴趣、需求自我制定的学习目标(目标私有制),以及学生在学习过程中,经过一定的知识、技能、方法的储备后,与其他同学一道研究新问题而动态生成的学习目标(目标资本联营)?(4)从探究问题设计的层次看:是教师给问题,让学生找方法、得出结论,还是教师创设问题情境,让学生提问题、找方法、得出结论?(5)从课堂流程看:好课=真正自学+需求合作+有效展示+升华点拨+对症练习。(6)从师生在课堂的作用看:学生是接受知识,还是发现知识?学生是单纯传承知识,还是兼顾创新知识?教师是课堂的主角、知识的化身、课堂的控制者,还是课堂的组织者、学习的点燃者、生命的点化者？（7）从课堂氛围看：课堂是只有温度没有高度，还是只有高度缺乏温度，还是既没有温度又没有高度？（8）从教育信息技术的使用看：是为教服务，还是为学服务？（9）从课堂教师的教德与学生的学品看：看课先看德，议课先议品，好课必有好的教德与学品。教德包括以生为本、以学为本、尊重学生、热爱学生等，学品包括学会倾听、学会谦让、不打扰别人等。（10）从教学的成效看：应追求效率、效果与效益的全面提升，同时还应追求学习力、学习品质与课堂幸福指数的和谐生长。

【方法4】赏析、揣摩名师名课的课堂实录、课堂视频

双循环赏析揣摩课堂实录：首先让教师在认真阅读课堂实录、整体观照实录、提炼实录基础上，把实录还原成教学设计，然后进一步把教学设计还原成教学理念，我称之为让教师在课堂教学中"上得了天"，即学思想；还要让教师"下得了地"，即学技术。把教学理念还原成教学设计，把教学设计再还原成课堂实录。

在对比中学习名师课堂视频：首先让教师在不看视频的基础上，思考假设我上这节课会怎么上，并写出自己详细的教学设计及理论依据。其次观名师课堂视频，揣摩名师的课是怎么设计的。再次思考名师设计背后支撑的教学理念、教育思想。最后，比较两种设计异同，借鉴吸收，完善自己的教学设计。

课堂实录与课堂视频微格学习：借助播放中的暂停还原功能，对名师情境导入、问题设计、课堂用语、课堂评价、教学机制等环节进行微格揣摩体验感悟、反思。采用"我会怎么做、名师怎么做、为什么这么做、还有没有更好的方法"四问法。同时还要通过实录与视频对比，深入思考如何撰写一份高质量的课堂实录。当然，也可以让教师归纳名师课堂的共同基因，提炼归纳名师的艺术风格及人格魅力。

（作者系河南民办教育共同体理事长）

"听评课"的三大必备元素

崔雪君

教研活动,是教师专业发展的重要途径。长期以来,我们的教研活动似乎一直是这样的——拿着一个本子、一支笔进教室听课,听课时往往是记一些教学环节,记一点教师的言行,记一点自己的即兴感想。评课时想说就说一点,不想说就不说,一定要说时就拣好的说,且谨慎用词,委婉地说出不足。至于记下的东西与说出来的东西,不一定有必然的联系。应该说,这样的教研活动,许多教师已经是习以为常,且经年不变,一些教师甚至把专业发展抛在了脑后。

教师的专业发展内涵包括提高职业道德、教学设计能力和教学评价能力等。通过专业发展,教师获得的不仅仅是教育教学能力的提升,还能获得马斯洛需求层次理论中较高层次需求的满足,即获得归属感,比如,来自他人的尊重及自我实现等。

然而长期以来,教研活动难以产生实效,主要是因为传统的听评课很少具备能为教师专业发展提供支持的元素。打个比方,人体的健康发展需要七大类营养元素——水、脂肪、矿物质、维生素等,它们之间需要合理搭配。同样地,教研也需要几种必备元素的合理搭配。

第一种元素,就是"研究"。教师是专业人员,进行的是专业研究。从个体的钻研到集体的教研,再由教研促进钻研的深入。以往,我们的听课仅仅停留在简单的外部指标,如观察学生的动作、表情和各种学习状态(如小组活动),但这些指标在帮助我们了解学生认知过程方面的作用是有限的,因为人的认知过程是内隐而独立的,我们看不见学生头脑中的认知过程。因此,我们要想办法让它显性化。为此,我们可以把一堂课想研究的问题具体细化为一个个观察点,围绕观察点搜集并记录相关的翔实信息,再对观察到的结果进行反思、分析、推论,以改善教师的教,促进学生的学。

在这里,其实已经涉及了第二种元素——"技术"。上述的研究过程需要运用课堂教学的数据和信息来评判课堂活动,是由数据驱动研究。而数据的收集需要精确的技术,因此教研其实是由技术支撑的研究。

第三种元素是"合作",而不是"合坐"。在课堂观察的整个过程中,教师之间既彼此分工又相互融合,每个阶段都是多向互动的过程。通过观、记,自然而然地开展自我反思。

众所周知,课堂涉及的因素有许多,一堂课不可能做到把所有因素都观察到。所以,要观察课堂必须解构课堂。华东师范大学课程与教学研究所所长崔允漷的研究团队,在理论与实践的结合下,从4个维度入手对课堂进行解构,这4个维度分别是学生学习、教师教学、课程性质、课堂文化。

这其中,"学生学习"是课堂的核心,另外三个是影响学生学习的关键要素,它们共同形成了课堂观察最基础的框架。

我简单解读一下这4个维度——

第一维度:学生学习,主要关注的是怎么学或学得怎么样。

第二维度:教师教学,主要关注怎么教,教得如何,哪些行为适当。

第三维度:课程性质,涉及教与学是什么的问题,也就是这堂课是什么课,学科性质表现在哪里。

第四维度:课堂文化,关注的是整个课堂怎样的问题,也就是你听了这堂课后整体感受如何。

如果我们分别用一个英文单词进行注释,这4个维度分别对应的是"Learning(学生学习)""Instruction(教师教学)""Curriculum(课程性质)""Culture(课堂文化)"。提取它们的首字母,即为"L—I—C—C"。业内把基于这4个维度的课堂观察命名为"LICC"范式。

为了清晰观察的需要,教育同行又把每一个维度分解出5个视角,4个维度就是20个视角。同时,再将每个视角分解成3至5个可供选择的观察点(见下页附表)。这样的观察点共有68个,最终形成了"LICC"的"4个维度20个视角68个观察点"。它为教师理解课堂、确定研究问题、明确观察任务提供了一张实用的认知地图和研究框架。同时,通过"LICC"我们会发现,课堂充满了丰富的信息,远比我们想象的要复杂。

但任何事物都处于生长过程,都有利有弊,"LICC"也是如此。首先,它源于教师的常态教研,指向的是"实用",而不是通过规范的研究所产生的新理论,所以它是本土的、草根的、零散的;其次,它取决于开发与使用的人,不具有严密性。因而,需要我们在实践中不断完善并创造新的范式。

我一直认为,课程改革的失败不一定在于教师,而成功一定源于教师。理想的课程,无论是国家课程、地方课程,还是校本课程、班本课程,其关键在于教师的专业发展水平。而基于专业的常态课堂研究,恰恰是教师最需要的。

(作者单位系上海立吾教育机构)

附表：

要素	视角	观察点举例
学生学习（L）	(1) 准备 (2) 倾听 (3) 互动 (4) 自主 (5) 达成	以"达成"视角为例，有三个观察点： ①学生清楚这节课的学习目标吗？ ②预设的目标达成有什么证据（观点/作业/表情/板演/演示）？有多少人达成？ ③这堂课生成了什么目标？效果如何？
教师教学（I）	(1) 环节 (2) 呈示 (3) 对话 (4) 指导 (5) 机智	以"环节"视角为例，有三个观察点： ①由哪些环节构成？是否围绕教学目标展开？ ②这些环节是否面向全体学生？ ③不同环节（行为/内容）的时间是怎么分配的？
课程性质（C）	(1) 目标 (2) 内容 (3) 实施 (4) 评价 (5) 资源	以"内容"视角为例，有四个观察点： ①教材是如何处理的（增/删/合/立/换）？是否合理？ ②课堂中生成了哪些内容？应怎样处理？ ③是否凸显了本学科的特点、思想、核心技能以及逻辑关系？ ④容量是否适合该班学生？如何满足不同学生的需求？
课堂文化（C）	(1) 思考 (2) 民主 (3) 创新 (4) 关爱 (5) 特质	以"民主"视角为例，有三个观察点： ①课堂话语（数量/时间/对象/措辞/插话）是怎么样的？ ②学生参与课堂教学活动的人数、时间怎样？课堂气氛怎样？ ③师生行为（情景设置/叫答机会/座位安排）如何？学生间的关系如何？

在教学"卡住"的地方讨论

陈大伟

直面问题,抓住教学中的"卡"进行讨论,有利于发现问题、研究问题、解决困难,使教学经历转化为教学经验。

不久前,我观摩过一堂课,那堂课上的细节令我印象深刻。

下面的内容就是我在那堂课后与执教教师的对话。

我:老师,能不能说一说你对这节课流畅性和舒适感的感受。

师:陈老师,你想讨论什么问题呢?

我:我想知道,课堂教学中有没有"卡住"的地方?你有没有觉得很不舒服的时候?

师:总体上,我觉得这堂课还是很流畅的。只是学生今天看到来了这么多老师,刚上课时有些紧张,后面就逐渐放松了。陈老师,你发现了什么?

我:课堂上有这样一个细节,你在引导学生了解《丑小鸭》这个故事后,要求学生用单横线勾画出课文中描写丑小鸭的句子,用双横线勾画出描写丑小鸭变成美丽的白天鹅的句子。学生很快在第二自然段勾画出描写丑小鸭的句子,并在第七自然段用双横线勾画出"湖水中自己的影子,竟是雪白的羽毛、长长的脖子"。你组织学生进行交流,并赞同学生勾画出的句子。但是，在交流哪些句子描写了美丽的白天鹅时，教学出现了不流畅现象。学生的回答是："湖水中自己的影子，竟是雪白的羽毛、长长的脖子""原来自己变成了一只美丽的天鹅"。你问学生有没有补充，学生都默不作声。然后你说："大家看第五自然段，'它们的样子那么高贵、姿态那么优雅'。这也是描写丑小鸭变成白天鹅的句子，大家读一读。"我注意到，学生并不容易找到第五自然段的内容。对你的说法，学生的表情和声音表现出来的是惊疑和不相信。我觉得这里有点"卡"，你有点着急，不知道你有没有注意到？

师：你这样一说我倒想起来了，但我没有注意到学生的表情和声音。这里的确有些不顺畅。陈老师，你觉得应该怎样改进呢？

我：这里的确是一个难点，因为第五自然段写的是白天鹅的美丽，而第七自然段写的是丑小鸭变成白天鹅时的美丽，学生很难把某一类事物的普遍属性放在这类事物的具体个体上。古人不就有"白马非马"这样难缠的争辩吗？我的想法是，可以暂时不做这样的联系，因为这对三年级的学生而言还有些难度。如果一定要做这样的处理，我会这样做：在学生找出第七自然段的内容后，可以直接让学生读一读第五自然段那句"它们的样子那么高贵、姿态那么优雅"，然后提问"这一句写的是什么"，在学生回答"这是写白天鹅的美丽"后，你再提问"想一想，在丑小鸭变成白天鹅以后，它有没有这样的美丽"，这样的问题难度不会太大。最后你再问："想一想，还有哪些句子描写了丑小鸭变成美丽的白天鹅。"你的想法呢？

师：这样处理可能会让课堂流畅许多。

我：还有一个问题，文中有这样几句内容："它看见一群雪白的天鹅掠过湖面，向南方飞去。它们的样子那么高贵、姿态那么优雅，丑小鸭又惊奇，又羡慕。"我想问一下，这里丑小鸭惊奇和羡慕的是什么？是白天鹅，还是白天鹅的样子？

师：是白天鹅的样子。

我：为什么这样看？

师：中间不是有一个句号吗？这个句号告诉我们，后面一句的主语是"样子"，丑小鸭惊奇和美慕的是高贵的样子、优雅的姿态。陈老师，你觉得我的处理有什么问题吗？

我：我觉得区分惊奇和美慕的对象很重要。事实上，此时的丑小鸭未必知道自己能成为白天鹅，但它向往高贵，向往优雅。因为向往，所以面对那么多歧视、困难，丑小鸭依然自信而坚持。在任何处境下，都要心存高贵，向往优雅，向往自由，追求梦想。这里不是向往一种结果，而是向往一种过程、状态和追求，致力于过一种高贵、体面、有尊严的生活。我认为，这才是《丑小鸭》这篇课文的动人之处，也是对人生最为重要的启示。因此，如果我来处理，可能会在这个地方多花一点心思和时间。

师：你这种想法很好，可是从哪里挤出时间来？

我：我可能不会要求学生花时间理解你讲的第五自然段的内容。

……

综观这节课，其实课堂上"卡住"的地方往往是教师教学的问题所在，也是教师教学的困难所在，当然也可能是教师教学的生机所在。而直面问题，抓住教学中的"卡"进行讨论，才能让教师发现问题、研究问题、解决困难，使教学经历转化为教学经验。

（作者单位系成都大学师范学院）

后　记

从 2015 年到现在，3 年时间，《中国教师报·现代课堂周刊》和暑期专刊发表了上千篇有关课堂的优质文章。而这期间，我和褚清源共同参与或见证了这些稿件在报纸上的呈现过程。回头看，有些稿件的编辑过程仍记忆犹新。

在这上千篇的稿件中，我们精选了 30 多篇组成《课堂策》一书。很高兴现在它能与大家见面。

根据"读懂课堂""读懂学生""读懂学习""读懂教研"等 4 个主题，我们精选了与主题密切相关的优质稿件进行再编辑，对有些稿件加以扩充、完善，以让读者能获得对某一策略更全面的认识。

比如，第一辑中的《合作学习 35 式》，在《中国教师报》上发表时由于版面字数限制等原因，只选取了其中的 30 式。而在酝酿这本书的过程中，我们对原稿进行编辑、增删，最终合作学习的 35 式完整地呈现在了大家面前。

回到《课堂策》这本书的主题，在许多课改学校，教师的理念其实已经有所转变，但将理念落地，有没有一些策略、方法？许多教师对此有点茫然。于是，《课堂策》这本书应运而生。

课堂建设，不仅需要理念、思想，更需要策略、方法、技术、工具。当然，某种策略并不一定是唯一的策略或完美的策略，每一个教师、每一个学生面对的课堂千差万别,这就要求我们不能囿于这些策略,而是要选择适合自己的策略、方法,或在他人策略的基础上创生出适合自己课堂的方法。

所以,在这本书中,我们希望课堂教学策略更多的是为读者提供一种方法、途径,给大家一种参考,能够让大家在课堂教学过程中有一个"抓手",而不是完全没有头绪或方法。希望我们提供的内容能让读者产生这样的思考,也希望这些策略能影响更多新教师,成就更多好课堂。

需要注意的是,本书每篇文章的作者单位和头衔采用的均是在文章刊发时所用的信息,一部分可能与现在的单位和头衔略有不同,希望大家理解。

在这里,我要特别感谢褚清源主编和《中国教师报》各位同事对我的帮助、对《课堂策》这本书的关注,也感谢本书所有文章作者对我们的支持,我们会向每一位作者及时送上样书。还要感谢山东文艺出版社各位朋友的帮助和支持。若没有他们的支持,这本书的编辑和出版过程并不会如此顺利。

当然,一本书的编辑出版过程中着实有许多困难,最终所呈现的内容肯定也会有许多不足之处,希望大家多多批评指正。

崔斌斌
2018 年 6 月 5 日

图书在版编目（CIP）数据

课堂策/褚清源,崔斌斌主编.—济南:山东文艺出版社,2018.7

ISBN 978-7-5329-5698-2

Ⅰ.①课… Ⅱ.①褚… ②崔… Ⅲ.①课堂教学—教学研究—中小学 Ⅳ.①G632.421

中国版本图书馆 CIP 数据核字(2018)第 123555 号

课堂策

褚清源　崔斌斌　主编

主管单位	山东出版传媒股份有限公司
出版发行	山东文艺出版社
社　　址	山东省济南市英雄山路 189 号
邮　　编	250002
网　　址	www.sdwypress.com
读者服务	0531－82098776(总编室) 0531－82098775(市场营销部)
电子邮箱	sdwy@ sdpress.com.cn
印　　刷	山东德州新华印务有限责任公司
开　　本	710 毫米×1000 毫米　1/16
印　　张	13.5　插页/2
字　　数	176 千
版　　次	2018 年 7 月第 1 版
印　　次	2018 年 7 月第 1 次印刷
书　　号	ISBN 978-7-5329-5698-2
定　　价	32.00 元

版权专有,侵权必究。如有图书质量问题,请与出版社联系调换。